図解 授業づくりの設計図

国士舘大学教授
澤井陽介

東洋館出版社

はじめに

　本書は、学習指導要領の全面実施を迎えて、先生方一人一人が自分の力で研修を進めることができることを願って執筆しました。内容は多岐にわたりますが、ご自分の関心があるテーマをピックアップしながらご自由に読んでほしいと思います。

　新学習指導要領には、いろいろなキーワードが登場しています。「主体的・対話的で深い学び」「カリキュラム・マネジメント」「見方・考え方」「プログラミング」などもその一部です。

　「あれも大事、これも大事」などと言われると、「あぁ、やることが多くてたいへん！」となってしまいます。それらを個々バラバラに捉えると、それぞれが肥大化して多忙感が襲いかかってきます。物事は、個々バラバラではなく、相互に関連付けたり、俯瞰・大観して部分と全体の関係を捉えたりすることで、大きな一つのベクトルに位置付けて考えられるようになり、その中で自分がすべきこと、できることなどと思考が落ち着いてきます。

　本書に登場するさまざまな「大事な言葉」を受け止めつつ、しかしそれらに振り回されることなく、自分なりに整理して考え、学習指導要領が目指す授業の在り方の本質（背景、理由、趣旨など）を捉えるようにすることが大切です。

　物事は、文章で論理的に説明することがよいとされています。しかし、理屈っぽい文章はなかなか頭に入らないという人も多いことでしょう。最後まで読み進めても、全体を俯瞰できないと理解しづらい面があるからです。そのため、図があることで理解が助けられた経験も多いのではないでしょうか。このように、説明されたことを個々バラバラではなく、関連的・構造的に捉えるためには、「構造図」「構想図」といった図解が手助けになります。

　ただその一方で、そうした図は作成者の意図が大きく反映されることから、つくられ方が異なることも事実です。こうしたことを踏まえていただきながら、本書はまず図を示し、その図を分解しながら文章で説明するようにしています。

　ただ、「構造図「構想図」などというと、あれもこれも盛り込んで、かえってわかりにくくなることも少なくありません。説明が必要なことを全部盛り込んで、すべてを正

図版の元データ・ダウンロード
（https://bit.ly/30P4j8t）

確かつ丁寧に伝えようとしてしまうからです。

　そこで本書では、「乱暴なくらい」必要なテーマのみを取り出し、可能な限り簡潔な図となるように心がけています。ですから、一つのテーマについて詳しく説明することを意図してはいません。全体像や重点事項を大括りで分かりたいという人向きです。

　ですから、私が「このテーマについては、これが正解」というつもりはありません。「とりあえず迷ったら、いったんこう捉えたらどうか」という私なりの提案です。講演等で使うパワーポイントの図も多く含まれています。多くは私がつくった図ですから、私の意図のもとに構成しています。

　私にとっては、調べたことや知っていることの情報を整理しながら考えた結果の図ですが、みなさんにとっては考えることを促す図になっていることでしょう。ですから、まずはさらっと読んでみて、興味があったら自分でも調べてみて、自分なりの図解ができるようになるとよいと考えています。

　そこで、本書に収録した図のPDFデータとPowerPointの元データをダウンロードできるようにしました。ぜひ自分の思うように改造してみてください。校内研修会などで活用していただいてもかまいません。みんなで知恵を出し合えば、もっと確かな構成要素、必要な条件等が加わり、よりよい指導法や教育活動の進め方が導き出されるのではないでしょうか。そういう意味で、本書は個人やグループの研究・研修のきっかけになればと願っています。

　今年度は、研究会や研修会が思うように進められない状況も想定されます。しかし、学習指導要領の全面実施は待ってくれませんでした。そのような中にあっても「学び続ける教員」が求められます。子供たちにとって、その学年での学びは一生に一度だからです。

　個々のテーマについての十分な説明はできていないかもしれませんが、最低限の知識や情報を身に付け、さらにご自分で研修を進めてください。今、私ができる先生方への応援はこれくらしかありません。

令和2年7月吉日　　澤井 陽介

資質・能力

01 学習指導要領の全体像

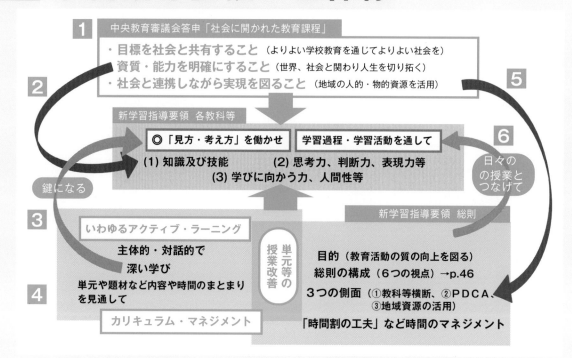

この図は、平成29年に告示された学習指導要領の趣旨を端的に伝えるために描いたものです。学習指導要領は「総則」が土台になり「各教科等」を支える構造になっています。全体を大まかに捉えてみましょう。

1 「社会に開かれた教育課程」という理念

中央教育審議会答申ではじめてこの理念が提言され、以下の三つの方向が示されました。

> ■ よりよい学校教育を通じてよりよい社会を創るという目標を学校と社会とが共有する。
> ■ これからの社会を創り出していく子供たちに必要な資質・能力が何かを明らかにし、それを学校教育で育成する。
> ■ 地域と連携・協働しながら目指すべき学校教育を実現する。

2 三つの資質・能力の柱

また、答申では、以下の三つの資質・能力が求められることも提言されました。

> ❶ 「何を知っているか、何ができるか」（個別の知識・技能）
> ❷ 「知っていること・できることをどう使うか」（思考力・判断力・表現力等）
> ❸ 「どのように社会・世界と関わり、よりよい人生を送るか」（学びに向かう力、人間性等）

この三つを踏まえて、学習指導要領における各教科等の目標が、(1)「知識及び技能」に関する目標、(2)「思考力、判断力、表現力等」に関する目標、(3)「学びに向かう力・人間性等」に関する目標に整理されました。

3 「深い学び」の鍵としての「見方・考え方」

　この三つの資質・能力の育成を求める学習指導要領では、教師が一方的に教える授業ではなく、子供の「主体的・対話的で深い学び」を実現する授業改善が求められています。特に、「深い学び」については、「見方・考え方」が鍵になると説明されています。このことから、各教科等の目標の「柱書」（リード文のような位置付け）には、「（教科等の特質に応じた）見方・考え方を働かせ」という文言が入っています（「見方・考え方」については、p.38 以降を参照）。

4 「単元や題材など内容や時間のまとまり」

　「主体的・対話的で深い学び」について、「小（中）学校学習指導要領総則」では、

> ■単元や題材など内容や時間のまとまりを見通しながら、そのまとめ方や重点の置き方に適切な工夫を加え、（中略）主体的・対話的で深い学びの実現に向けた授業改善を通して資質・能力を育む効果的な指導ができるようにすること。
>
> （「指導計画の作成等に当たっての配慮事項」より）
>
> ■単元や題材など内容や時間のまとまりを見通しながら、児童の主体的・対話的で深い学びの実現に向けた授業改善を行うこと。
>
> （「主体的・対話的で深い学びの実現に向けた授業改善」より）

と、１単位時間ごとに細切れで考えるのではなく、単元などの長いスパンで実現を目指すことが求められています。

5 カリキュラム・マネジメント

　「小（中）学校学習指導要領総則」では、カリキュラム・マネジメントについても示されています。

> ■教育の目的や目標の実現に必要な教育の内容等を教科等横断的な視点で組み立てていくこと
> ■教育課程の実施状況を評価してその改善を図っていくこと
> ■教育課程の実施に必要な人的又は物的な体制を確保するとともにその改善を図っていくこと
> などを通して、教育課程に基づき組織的かつ計画的に各学校の教育活動の質の向上を図っていくこと（以下「カリキュラム・マネジメント」という。）に努めるものとする。

　いわゆる「教科等横断」「PDCA」「地域資源の活用」の三つの側面です。

6 日々の教育活動と結び付けて

　また答申は、カリキュラム・マネジメントは、管理職のみで行うものではなく全教（職）員の日々の授業等とつなげて行うことを求めています。各教科等の目標の柱書に「〜活動を通して」「学習過程を通して」「〜を行うことなどを通して」「活動や体験を通して」などと書かれているのは、学習活動や学習過程を工夫して単元や題材などを構成し、授業改善や教育活動の質の向上を図ることを意味しています。各教科等の単元等のカリキュラムの工夫・改善をしっかり行うことが、カリキュラム・マネジメントの基本になるからです。

　このようにして関連的にまとめてみると、新学習指導要領の大きなメッセージの１つは図中にあるように「単元等の授業改善」であると捉えることができます。

02 学習指導要領の構造

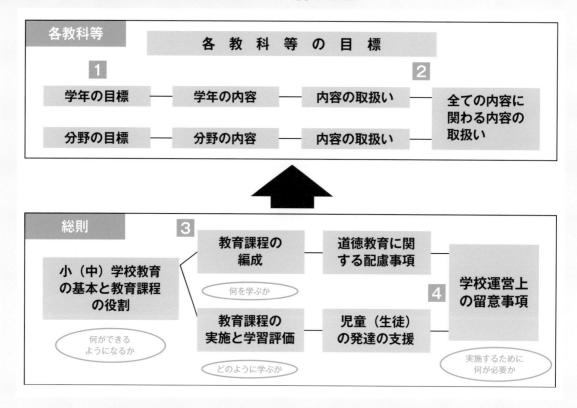

この図は、学習指導要領に書かれている「内容」の構造をまとめたものです。

各教科等については、「目標と内容の構造」になっていることが分かります。また、各教科等を支える土台のように「総則」が位置付けられています。

1 各教科等の目標

「小学校学習指導要領」は、第2章「各教科」、第3章「特別の教科 道徳」、第4章「外国語科活動」、第5章「総合的な学習の時間」、第6章「特別活動」という構成になっています。「各教科等」という表現は、第3章以降も全て含めたものです。

このなかで、「特別の教科 道徳」だけは、資質・能力の三つの柱に整理されていませんが、これは、他教科等に先だって改訂され、平成27年に告示されているからです。

各教科等の目標には、発達の段階を踏まえて学年ごとの内容をイメージしやすいように、より具体的な「学年の目標」が設定されています。学年の目標は、1学年ごとに示している教科等や2学年まとめて示している教科等があります。また、中学校の「社会」や「技術・家庭」のように、「分野の目標」となっていたり、理科のように学年の目標が領域ごとに分かれていたり、外国語科、特別活動のように学年の目標ではなく領域ごとの目標として設定されていたりするなど、目標にもその教科等の特質が表れています。

2 内容の取扱い

「内容の取扱い」については、大きく分けて各学年・分野・領域などの内容ごとに示されているものと、その教科等の全ての内容に関わって示されているもの（「指導計画の作成と内容の取扱い」）

があります。学年ごとに内容が示されていない教科等では、前者がないものもあります。

　各学年・分野・領域などの内容ごとに示されている「内容の取扱い」では、その内容や教材の取り上げ方（数、具体例、選び方など）、指導時期や指導期間（学年のはじめに、２学年間にわたってなど）、その内容を指導する際の配慮点（必ず指導すべき事項、工夫の仕方など）などが具体的に書かれています。

　その教科等の全ての内容に関わって示されているもの（「指導計画の作成と内容の取扱い」）では、「指導計画の作成等に当たって配慮すべき事項」（主体的・対話的で深い学びを実現すること、カリキュラム・マネジメントに関すること、障害のある児童（生徒）への対応、道徳科との関連など）と「その教科等を指導する際に常に配慮すべき事項」（基礎的な事項の身に付けさせ方、言語活動の充実のさせ方、環境や条件の整備など）などが具体的に書かれています。

3 総則の内容

　「小（中）学校学習指導要領」の第１章は「総則」です。総則は左頁の図に示しているように、「第１　小（中）学校教育の基本と教育課程の役割」「第２　教育課程の編成」「第３　教育課程の実施と学習評価」「第４　児童（生徒）の発達の支援」「第５　学校運営上の留意事項」「第６　道徳教育に関する配慮事項」の６つで構成され、全ての教科等の土台になっています。すなわち、**総則に書かれている内容は、全ての教科等に関係のある事項**です。その関係を多少なりとも位置で表しているのが左頁の図です。

　みなさんは、このたびの学習指導要領の改訂作業の最中、右の図をよく目にしたのではないでしょうか。中央教育審議会答申などで活用された資料です。「何ができるようになるか」「何を学ぶか」「どのように学ぶか」が、学習指導要領改訂の視点になることを説明する資料です。その視点が、左頁の図のように「総則」を構成する柱になっています。実施するための条件整備その他のことも加えられていますが、基本的に総則は、この図の構成で読むとよいわけです。

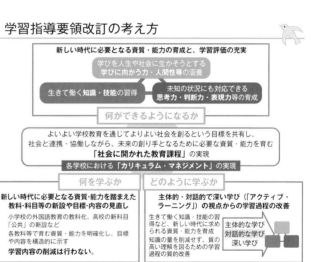

4 学校教育全体に関わる留意事項、配慮事項

　上記の第４から第６は、学校教育全体に関わる留意事項、配慮事項が示されています。

　学級経営、児童（生徒）理解、キャリア教育、学習内容の確実な定着、障害のある児童（生徒）への指導、帰国児童（生徒）への日本語指導、不登校児童（生徒）への対応、カリキュラム・マネジメント、地域との連携、校種を超えた交流、道徳教育の進め方などが主な内容です。

　学習指導要領は、若い先生方にとっては難しい感じがして、なかなか読む気にならないかもしれませんが、全体の構造を踏まえて、どこを読んだらよいか焦点を定めるとよいと思います。また、「解説」を読む前に「学習指導要領」自体を読むことをお薦めします。そんなにたくさんの分量ではないことに気付くと思います。

03 各教科等の目標

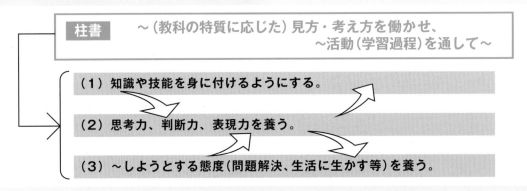

柱書　〜（教科の特質に応じた）見方・考え方を働かせ、
　　　　　　　　　　〜活動（学習過程）を通して〜

（1）知識や技能を身に付けるようにする。

（2）思考力、判断力、表現力を養う。

（3）〜しようとする態度（問題解決、生活に生かす等）を養う。

　この図は、「小（中）学校学習指導要領」の「各教科等の目標」の構造を表したものです。資質・能力を三つの柱に整理したのは、それぞれの教科等が子供たちの学力育成や人格形成にどのような役割を果たすのかを明確にするためです。すなわち、教科等の特質を明確にしたのであって、三つをバラバラに育成するためではありません。そのため、「01」で述べたように「柱書」に「〜（教科の特質に応じた）見方・考え方を働かせ、〜活動（学習過程）を通して〜」と示し、単元などの学習を通じて、三つが相互に結び付き、バランスよく育成されるようにすることを求めています。

　このように**三つの資質・能力に整理された目標の構造は、小・中学校ともに同様なので、比べたりつなげたりしてみることができるのです。**

　例えば、右の図は国語科の例です。このように、小学校の目標と中学校の目標を整理すると、次のよさを見いだすことができます。

中学校国語

小学校と同じ

言葉による見方・考え方を働かせ、言語活動を通して、国語で正確に理解し適切に表現する資質・能力を次のとおり育成することを目指す。

小は「日常生活」

(1) 社会生活に必要な国語について、その特質を理解し適切に使うことができるようにする。

「社会生活」以外は小と同じ

(2) 社会生活における人との関わりの中で伝え合う力を高め、思考力や想像力を養う。

小は「よさ」　　小は「言語感覚を養い、国語の大切さを自覚し」

(3) 言葉がもつ価値を認識するとともに、我が国の言語文化に関わり、国語を尊重してその能力の向上を図る態度を養う。

1 同じ教科等では、小学校と中学校のつながりや違いがよく分かる

　例えば、国語科は上記のように、小・中学校の段階における視野の拡大（日常生活から社会生活へ）以外は、ほぼ同様の資質・能力であることが分かります。小・中学校で一緒に研究を進めることが容易な印象があります。

　一方で、小学校算数科と中学校数学は、多少文言が異なります（右頁の図中の下線は筆者）。算数科は、日常的な事象を数理的に捉えたり処理したりすることに対し、数学は事象を数学化したり数学を活用して考えたりすることが示されています。中学校では「公式」を重視して学ぶことのゆえんでしょう。

　このように、**同じ教科の目標を並べて整理すると、小・中学校の接続や発展の仕方、校種ごとに段階を踏まえて重視すべきことが見えてくるのです。**小・中学校での合同研究会（研修会）等で話題にしたいものです。

小学校算数

数学的な見方・考え方を働かせ、数学的活動を通して、数学的に考える資質・能力を次のとおり育成することを目指す。

(1) 数量や図形などについての基礎的な概念や性質などを理解するとともに、日常の事象を数理的に処理する技能を身に付けるようにする。

(2) 日常の事象を数理的に捉え見通しをもち筋道立てて考察する力、基礎的・基本的な数量や図形の性質などを見いだし統合的・発展的に考察する力、数学的な表現を用いて事象を簡潔・明瞭・的確に表したり目的に応じて柔軟に表したりする力を養う。

(3) 数学的活動の楽しさや数学のよさに気付き、学習を振り返ってよりよく問題解決しようとする態度、算数で学んだことを生活や学習に活用しようとする態度を養う。

中学校数学

数学的な見方・考え方を働かせ、数学的活動を通して、数学的に考える資質・能力を次のとおり育成することを目指す。

(1) 数量や図形などについての基礎的な概念や原理・法則などを理解するとともに、事象を数学化したり、数学的に解釈したり、数学的に表現・処理したりする技能を身に付けるようにする。

(2) 数学を活用して事象を論理的に考察する力、数量や図形の性質などを見いだし統合的・発展的に考察する力、数学的な表現を用いて事象を簡潔・明瞭・的確に表現する力を養う。

(3) 数学的活動の楽しさや数学のよさを実感して粘り強く考え、数学を生活や学習に生かそうとする態度、問題解決の過程を振り返って評価・改善しようとする態度を養う。

② 教科横断的な課題に関する学習をマネジメントできる

右の図は総合的な学習の時間の目標です。小・中学校が同じ文言になっています。

総合的な学習の時間は、国際理解教育、環境教育、情報教育、福祉教育、伝統文化教育など、教科横断的な教育を進める際のカリキュラムの軸になることが多くあります。今回、総合的な学習の時間も他教科等と同様に三つの資質・能力の柱で整理されたことの意味は大きいものがあります。

総合的な学習の時間 　小・中学校で同じ

探究的な見方・考え方を働かせ、横断的・総合的な学習を行うことを通して、よりよく課題を解決し、自己の生き方を考えていくための資質・能力を次のとおり育成することを目指す。

(1) 探究的な学習の過程において、課題の解決に必要な知識及び技能を身に付け、課題に関わる概念を形成し、探究的な学習のよさを理解するようにする。

(2) 実社会や実生活の中から問いを見いだし、自分で課題を立て、情報を集め、整理・分析して、まとめ・表現することができるようにする。

(3) 探究的な学習に主体的・協働的に取り組むとともに、互いのよさを生かしながら、積極的に社会に参画しようとする態度を養う。

上記のような「〇〇教育」を学校で進める際に、目標をそれぞれの学校で描いている実態があります。その際、目標が一つだったり、四つだったりと学校によってバラバラです。もちろん決まりがあるわけではありませんが、上記の総合的な学習の時間の目標をベースにして三つの資質・能力に沿って描くことで、次の効果が期待できます。

■「〇〇教育」の目標が描きやすい

例えば、目標(1)にある「課題に関わる概念を形成し」の部分を「国際理解に関する概念を形成し」など、総合的な学習の時間という「母屋」を借りる形を工夫します。

■ 総合的な学習の時間のマネジメントも同時にできる

〇〇教育の目標の実現状況を評価することは、総合的な学習の時間の目標の実現状況を評価することにもつながります。

■ 各教科等の授業との関連を描きやすい

各教科等の授業を組み合わせて「〇〇教育」を進めていく際に、各教科等で育てる資質・能力と「〇〇教育」の目標との関連を整理しやすくなります。どちらも三つに整理されているからです。内容だけでなく、**資質・能力で結び付きを描くと、国語科で身に付ける知識、理科で養われる思考力、社会科で養われる態度など、無理のないカリキュラムをデザインできる**ようになります。

04 各教科等の内容

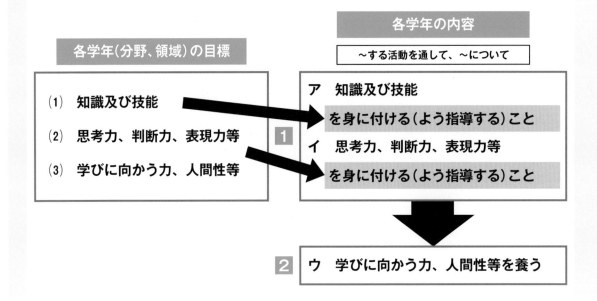

これは、「小（中）学校学習指導要領」の各教科等の内容の示し方を図解したものです。内容の示し方には、次の特徴があります。

1 資質・能力と内容を結び付けることを意図している

　各教科等の内容は、「次のような知識及び技能を身に付ける（よう指導する）こと」と「次のような思考力、判断力、表現力等を身に付ける（よう指導する）こと」の二つに大きく分けて示されています。

　あるいは、「次の事項を身に付ける（ことができるよう指導する）こと」として、「理解するとともに技能を身に付ける、問題を見いだし、表現する」（理科）、「思いをもつこと、気付くこと、技能を身に付けること、〜できるようにすること」（音楽科）、「考えること、つくること、表すこと」（図画工作科）などと、知識や技能、思考力や表現力が示されています。

　いずれにしても、各教科等の内容は、資質・能力のいずれかと結び付ける形で示されているのです。ここから、次の意図を見いだすことができます。

■ これまで学習指導要領の改訂で注目を集めるのは、いわゆる「内容がどう変わったか」であった。一方、今回の学習指導要領改訂は、「資質・能力の改訂」であり、その趣旨は教科等の目標の改善にあった。そこで、目標と内容とを関連付けることで、内容からも改訂の趣旨（資質・能力）を伝わりやすくした。

■ 特に「思考力、判断力、表現力等」は大きな概念で語られることが多く、いわば教科等横断的な能力というイメージが強い。また、これまでの学習指導要領では、教科ごとにどのように育成していくかがやや不明確であった。そこで、内容と「思考力、判断力、表現力等」の育成が結び付けられることで、学習内容（活動）を通して、その教科としての「思考力、判断力、表現力等」をどのように育成すればよいかが内容ごとに具体的に示された。

したがって、各教科等の「内容」に書かれている「〜を考えること、表現すること」と学習活動ふうに書かれている事項が、各教科等の目標に書かれている「思考力、判断力、表現力等」の具体

であると捉えるわけです。

　内容に示されている「〜を考えること、表現すること」を「〜を考える力、〜を表現する力」と示さなかったのは、「思考力、判断力、表現力等」の捉え方が細切れになってしまい、分かりづらくなるからではないでしょうか。そのことは、「知識及び技能」について考えると分かりやすいと思います。「知識及び技能」についても、各教科等の目標には大きな概念（まとまり）で表現されていますが、内容には具体で書かれているでしょう。

　また、この考え方は学習評価と連動します。学習評価でも「思考力、判断力、表現力等」自体については（あるいはその成長を）直接評価するというよりも、学習活動を通して思考・判断・表現している学習状況を評価し、その評価を生かした指導を積み重ね、総合することで「思考力、判断力、表現力等」の育成を図ろうとしていると考えるほうが筋が通ります。

❷ 単元等を想定しやすくしている

　実際に授業をする際には、教師は内容や時間のまとまりを見据えて単元等を構想します。「小（中）学校学習指導要領」の各教科等の内容の示し方は、その単元等の構想を描きやすくしています。すなわち、「どんな活動を通して、どのような知識及び技能を身に付け、どのように思考力、判断力、表現力を育成（するように指導）するのか（順不同）」を読み取り、単元等を構想すればよいわけです。教科等によって少々異なりますが、「〜を通して、〜することで〜を身に付ける（できる）ようにする」などと、内容の文言をつなげて読めば、単元等の目標が描けると思って読んでみるとよいでしょう。

❸ 目標⑶との関連は示されていない

　各教科等の目標の⑶には、「学びに向かう力・人間性等」に関する目標が示されています。教科の目標の下にある学年の目標、分野の目標、領域の目標も同じです。この「学びに向かう力・人間性等」に関する目標だけは内容ごとに示されていません（ただし、体育だけは、チームワークや健康・安全に関わる態度等が内容ごとに示されています）。示されていない理由は、以下のように捉えることができます。

- ■ 学びに向かう力・人間性等は大きな方向性を描いている目標であるため、単元等の内容に区分して設定することが難しいから。
- ■ 心情の涵養や態度の形成などに関する目標であるため、教師が短い時間で拙速に育成しようと指導することのないように。
- ■ 学習活動に関連するところが大きいため、学習指導要領上では具体的な学習活動の規定ができないため、内容ごとに設定しようとしてもコピー・アンド・ペースト（同じ文の再掲）のようになってしまうから。

　体育だけが内容ごとに目標⑶との関連が示されている理由は、体育では運動種によって学習活動、教具や環境の設定等がほぼ定まっているので、情意や態度とセットにして描きやすかったこと、健康や安全に関わる事項なので、全ての内容に具体的に位置付ける必要性が高かったことなどが考えられます。

05 知識及び技能

小学校学習指導要領に示された「知識」

国語	日常生活に必要な国語についての特質の理解
社会	社会生活についての理解
算数	数量や図形などについての基礎的・基本的な概念や性質などの理解
理科	自然の事物・現象についての理解
生活	自然の自分自身、身近な人々社会及び自然の特徴やよさ、それらの関わり等への気付き
音楽	曲想と音楽の構造などとの関わりについての理解
図画工作	対象や事象を捉える造形的な視点についての理解
家庭	家族や家庭、衣食住、消費や環境などについての日常に必要な基礎的な理解
体育	その特性に応じた各種の運動の行い方及び身近な生活における健康・安全についての理解
外国語	外国語の音声や文字、語彙、表現、文構造、言語の働きなどについての日本語と外国語の違いへの気付き及びこれらの知識
道徳科	道徳的価値についての理解
外国語活動	言語や文化についての体験的な理解、日本語と外国語との音声の違い等への気付き
総合的な学習の時間	課題の解決に必要な知識、課題に関わる概念の形成
特別活動	課題の解決多様な他者と協働する様々な集団活動の意義や活動を行う上で必要となることについての理解

　この図は、「小学校学習指導要領」に示された各教科等の目標における「知識」を一覧にしたものです（「〜ついて理解し」を「〜についての理解」などと言い回しは筆者が調整）。

　各教科等の記述を見れば分かりますが、知識と言っても、授業1時間ごとに教師が教えるような細かな知識のことを指しているわけではありません。「理解」という言葉を使っていることから分かるように、細かな知識をまとめたり意味を考えたりして得られるような「概念的な」知識のことを表しています。

　辞書によると、概念とは「ある物事の総括的で大まかな意味内容」「理解している物事に共通している特徴」などと説明されています。「概念的」と表現したのは、各教科等の記述を見ると「特質の理解」「性質の理解」「基礎的な理解」「〜についての理解」などと表現されている知識だからです。

　知識は、教科等ごとの違いを一番説明しやすい資質・能力と言えるかもしれません。学習指導要領が目標と内容の構造であることを踏まえて言えば、内容の多くはこの知識によって規定されるからです。知識が教科等ごとに明確に説明されないと、現在の教科等によって構成される日本の教育課程の意味が説明できなくなってしまいます。

　ここであらためて、各教科等の知識を見てみます。国語科は「国語科の特質」、算数科は「数量や図形などの概念や性質」、社会科は「社会生活」、理科は「自然事象」、生活科や外国語科活動は「（活動を通した）気付き」、総合的な学習の時間は「課題に関わる概念の形成」と、各教科等それぞれの特質に応じた知識が描かれていることがよく分かるはずです。

　下の図は、「小学校学習指導要領」に示された各教科等の目標における「技能」を一覧にしたものです。道徳科、外国語科活動、総合的な学習の時間など、教科等によっては、技能を明示していないものもあります。

小学校学習指導要領に示された「技能」

国語	日常生活に必要な国語についての特質を理解し、適切に使うことができる技能
社会	様々な資料や調査活動を通して情報を適切に調べまとめる技能
算数	日常の事象を数理的に処理する技能
理科	観察・実験などに関する基本的な技能
生活	生活上必要な習慣や技能
音楽	表したい音楽表現をするために必要な技能
図画工作	材料や用具などを使い、表し方などを工夫して、創造的につくったり表したりすることができる技能
家庭	日常に必要な基礎的な理解に係る技能
体育	基本的な動きや技能
外国語	聞くこと、読むこと、話すこと、書くことによる実際のコミュにケーションにおいて活用できる基礎的な技能
特別活動	行動の仕方

　また、教科等の特質にもよりますが、知識と組み合わせて読まないとよく分からないものもあります。そのため「知識及び技能」としているわけです。

　辞書等によると、「技能」は「物事を成し遂げる腕前」「スキルや技術と同義で教養や訓練を通して獲得した能力」などと説明されています。「思考力、判断力、表現力等」が「養われる」と徐々に成長するイメージで表現されるのに対し、技能は「身に付ける」「習得する」と表現されることを踏まえると、「目に見える動作や行為などで物事を成し遂げる腕前・技術」と言えます。その意味では「できるか・できないか」「身に付けたか・付けていないか」が目に見えて分かりやすい資質・能力であると言えそうです。

　この技能については、注目するポイントがあります。

　下記は、いくつかの教科の学年の目標に示されている技能です。

[国語科] 日常生活に必要な国語科の技能（各学年共通）

[社会科] 必要な情報を調べまとめる技能（3年・4年）、情報を適切に調べまとめる技能（5年・6年）

[理科] 観察・実験などに関する基本的な技能（各学年共通）

[音楽科] 音楽表現を楽しむために必要な歌唱、器楽、音楽づくりの技能（1年・2年）、表したい音楽表現をするために必要な歌唱、器楽、音楽づくりの技能（3〜6年）

　代表的な例を挙げましたが、技能は学年による段階が細かく規定されているというよりも、基礎として身に付けるように書かれているもの、内容（想定される学習活動）に即して具体的に描かれているものが多く、繰り返し使いながら身に付け習熟を目指していくものと捉えたほうがよいでしょう。

06 思考力、判断力、表現力等

小学校学習指導要領に示された「思考力、判断力、表現力」

国語	日常生活における人との関わりの中で伝え合う力、思考力や想像力
社会	社会的事象の特色や相互の関連、意味を多角的に考える力、社会に見られる課題を把握して、その解決に向けて社会への関わり方を選択・判断する力、考えたことや選択・判断したことを適切に表現する力
算数	日常の事象を数理的に捉え見通しをもち筋道を立てて考察する力、基礎的・基本的な数量や図形の性質を見いだし総合的・発展的に考察する力、数学的な表現を用いて事象を簡潔・明瞭・的確に表したり目的に応じて柔軟に表したりする力
理科	問題解決の力
生活	自分自身や自分の生活について考え、表現する力
音楽	音楽表現を工夫する力、音楽を味わって聴く力
図画工作	造形的なよさや美しさ、表したいこと、表し方などについて考え、創造的に発想や構想をしたり、作品などに対する自分の見方や感じ方を深めたりする力
家庭	日常生活の中から問題を見いだして課題を設定し、様々な解決方法を考え、実践を評価・改善し、考えことを表現するなど、課題を解決する力
体育	運動や健康についての自己の課題を見付け、その解決に向けて思考し判断するとともに、他者に伝える力
総合的な学習の時間	実社会や実生活の中から問いを見いだし、自分で課題を立て、情報を集め、整理・分析して、まとめ・表現する力
特別活動	道徳的判断力

「思考力、判断力、表現力等」という文言は、平成19年に一部改正された学校教育法（第30条第2項）に示された以下の三つの学力の要素を踏まえたものです。

> ■基礎的な知識及び技能（を習得させる）
> ■これらを活用して課題を解決するために必要な思考力、判断力、表現力（その他の能力をはぐむ）
> ■主体的に学習に取り組む態度（を養う）

　上記の法改正の背景には、学力に関する各種の調査結果に共通する日本の子どもたちの課題がありました。それは、「知識・技能の習得には一定の成果が認められるが、それらを使って考える力や考えたことを表現する力が十分ではない」という見解です。

　平成22年に公表されたPISA調査（平成21年実施）の結果でも「必要な情報を見つけ出し取り出すことは得意だが、それらの関係性を理解して解釈したり、自らの知識や経験と結び付けたりすることが苦手である」と同様の指摘がなされ、「これらの課題に対応するため、来年度以降に全面実施される新学習指導要領により思考力・判断力・表現力の育成に努める」と文部科学省の見解が示されました。

　文部科学省通知（平成22年）で示された「観点別学習状況の評価」の観点は、こうした日本の子どもたちの現状を踏まえるとともに、学校教育法に示された学力の要素を踏まえて見直されました。

　具体的には、それまでの「表現」の位置付けが見直され、「思考・判断・表現」の観点が各教科等に応じた形で設定されました。この観点で注目すべきは、思考力・判断力と表現力を切り離してはどちらも育たない関連的な能力として捉えられている点です。ですから「思考・判断・表現」として、一体的に評価して育成していくことになったわけです。それまでの「表現」の観点では十分に育てきれなかった「考えたことを言語などで表現する力」を育てることが、あらためて求められました。

　その後に改訂された現行の「小（中）学校学習指導要領」では、思考力、判断力、表現力を養うために次の2つの方策が見られます。

1 どのような学習活動を通してどのような力を育てていくかを明示

　教科等横断的な能力のイメージが強く、各教科等における思考力、判断力、表現力をどのように育てていけばよいのかが不明確でしたが、「小（中）学校学習指導要領」では、以下のように、どのような学習活動で、どのような力を養えばよいかが捉えやすくなりました。

	学年目標から読みとれる 「思考力、判断力、表現力」	内容から読み取れる 「学習活動例」
国語科	日常生活における人との関わりの中で伝え合う力	目的を意識して、日常生活の中から話題を決め、集めた材料を比較したり分類したりして、伝え合うために必要な事柄を選ぶこと。 （第3学年及び第4学年　A話すこと・聞くこと(1)ア）
算数科	数の表し方や計算の仕方などを考察する力	数のまとまりに着目し、分数でも数の大きさを比べたり計算したりできるかどうかを考えること。（中略）　　　　（第3学年　A数と計算(6)）

2 教科等ごとに目指す「思考・判断・表現」（学び）の方向を明示

　教科等ごとに「見方・考え方」が規定され（詳しくはp.38）、下記のように、その教科等らしい「思考・判断・表現」の仕方など目指す授業改善の方向が示されました。

	「見方・考え方」の説明
国語科	対象と言葉、言葉と言葉との関係を、言葉の意味、働き、使い方等に着目して捉えたり問い直したりして、言葉への自覚を高めること
算数科	事象を数量や図形及びそれらの関係などに着目して捉え、根拠を基に筋道を立てて考え、統合的・発展的に考えること

　「小（中）学校学習指導要領」では、こうしたことを教科等ごとに先生方に把握してもらい、長らく日本の子供たちの課題だと言われてきた思考力、判断力、表現力の育成を図っていくことを目指しています。各教科等の目標に「養う」という言葉が使われているように、拙速に育成するものではなく、日々の授業における意図的な学習活動を通して、少しずつ育っていくようにすることを心がけることが大切です。

07 学びに向かう力、人間性等

小学校学習指導要領に示された「学びに向かう力、人間性等」

国語	言葉がもつよさを認識するとともに、言語感覚を養い、国語の大切さを自覚し、国語を尊重してその能力の向上を図る態度を養う。
算数	数学的活動の楽しさや数学のよさに気付き、学習を振り返ってよりよく問題解決しようとする態度、算数で学んだことを生活や学習に活用しようとする態度を養う。
理科	自然を愛する心情や主体的に問題解決しようとする態度を養う。
生活	身近な人々、社会及び自然に自ら働きかけ、意欲や自信をもって学んだり生活を豊かにしたりしようとする態度を養う。
図画工作	つくりだす喜びを味わうとともに、感性を育み、楽しく豊かな生活を創造しようとする態度を養い、豊かな情操を培う。
家庭	家庭生活を大切にする心情を育み、家族や地域の人々との関わりを考え、家族の一員として、生活をよりよくしようと工夫する実践的な態度を養う。
体育	運動に親しむとともに健康の保持増進と体力の向上を目指し、楽しく明るい生活を営む態度を養う。
外国語	外国語の背景にある文化に対する理解を深め、他者に配慮しながら、主体的に外国語を用いてコミュニケーションを図ろうとする態度を養う。
総合的な学習の時間	探究的な学習に主体的・協働的に取り組むとともに、互いのよさを生かしながら、積極的に社会に参画しようとする態度を養う。
特別活動	身に付けたことを生かして、集団や社会における生活及び人間関係をよりよく形成するとともに、自己の生き方についての考えを深め、自己実現を図ろうとする態度を養う。

　この図は、「小学校学習指導要領」に示された各教科等の目標における「学びに向かう力、人間性等」を一覧にしたものです（紙幅の関係でいくつかの教科等を割愛したり「〜を通して」などの表現を省略したりしています）。

　使われている言葉を見ると、「態度」以外に、「認識」「自覚」「感性」「情操」「心情」など様々なものがあります。学校教育法に規定され、学力の三要素の一つとして捉えられている「主体的に学習に取り組む態度」では、説明しきれない広範な資質・能力が従来から求められていた教科等が多いため、「学びに向かう力」に「人間性等」という文言を加えたものと考えられます。

　あえて大括りで整理すると、次の三つのカテゴリーに分けられます。

学習に向かう態度	生活に向かう態度	涵養される人間性等
・国語の能力の向上を図ろうとする態度（国語） ・学習を振り返ってよりよく問題解決しようとする態度（算数） ・主体的に問題解決しようとする態度（理科）	・学んだことを生活や学習で活用しようとする態度（算数） ・積極的に社会に参画しようとする態度（総合的な学習の時間）	・地域社会に対する誇りと愛情（社会） ・自然を愛する心情（理科） ・感性、豊かな情操（図工）

測りやすい ←　1単元等の学習での測りやすさ　→ 測りにくい

　「学習に向かう態度」と「生活に向かう態度」は、それらを合わせて資質・能力の一つである「学びに向かう力」と捉えることができそうです。同時に、これらの二つは、「学習や生活に共通する態度、生活の中で学習し続ける態度」などと捉えることができます。明確な線引きがしづらいので、境界を点線にしていますが、その中でも前者（学習に向かう態度）が新しい学習評価の観点「主体的に学習に取り組む態度」に一番近いものであると考えられます。

　すなわち、資質・能力の一つである「学びに向かう力・人間性等」は、単元等の学習を通して、その単元等で身に付いたかどうかを測れるものと、単元等の学習を長期的に繰り返すことで涵養されることを期待するものとがあると考えられます。

　そこで、（p.21でも述べますが）観点別学習状況の評価対象としては、単元等ごとに評価できるものという条件が必要なので、長期的に見て涵養されることを期待する人間性等に位置付くものは、個人内評価等で行う必要があるとされたのでしょう。

　このことは、中央教育審議会（「幼稚園、小学校、中学校、高等学校及び特別支援学校の学習指導要領等の改善及び必要な方策等について（答申）」（平成28年12月）で示された「学びに向かう力・人間性等」の説明に立ち返ってみるとよく分かります。

　右の図については、答申の資料（筆者が簡略化）として見たことがある人が多いことでしょう。答申では、学びに向かう力・人間性等を次のように説明しています。

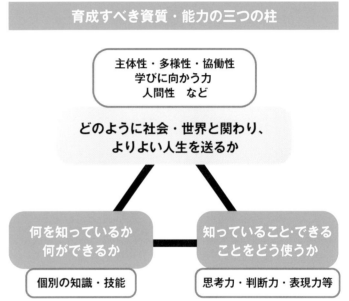

育成すべき資質・能力の三つの柱

主体性・多様性・協働性
学びに向かう力
人間性　など

どのように社会・世界と関わり、よりよい人生を送るか

何を知っているか
何ができるか

知っていること・できることをどう使うか

個別の知識・技能

思考力・判断力・表現力等

　どのように社会・世界と関わり、よりよい人生を送るか（学びを人生や社会に生かそうとする）「学びに向かう力・人間性等」

　やはり、学力の三要素としての「主体的に学習に取り組む態度」よりも幅広の捉え方になっています。答申における説明を要約すると次のようになります（下線筆者）。

〇資質・能力全体をどのような方向性で働かせていくかを決定付ける重要な要素であり、

■ 自己の感情や行動を統制する能力、自らの思考の過程等を客観的に捉える力など、いわゆる「メタ認知」に関するもの

■ 多様性を尊重する態度と互いのよさを生かして協働する力、持続可能な社会づくりに向けた態度、リーダーシップやチームワーク、感性、優しさや思いやりなど、人間性等に関するもの

がある。

　この説明に、観点別学習状況評価の観点「主体的に学習に取り組む態度」の布石（自らの思考の過程を客観的に捉える力としての「メタ認知」）が見られます。

08 学力との関係

子供に育成を目指す
資質・能力

思考力・判断力等

知識及び技能

表現力

学びに向かう力

人間性等

　この図は、「資質・能力の三つの柱は個々バラバラに育成するのではなく、『総合的』にバランスよく育成すること」が目指されていることを示したものです。また、次の事柄も表しています。

■ 表現力は思考力や判断力と結び付けて捉えることが多くなったが、**本来は知識にも技能にも態度にも結び付く汎用性の高い能力であるということ。**

■ 人間性等は資質・能力の根本として、他の資質・能力と結び付きながら、徐々に涵養していくものであること。

　ここで、「資質・能力」と「学力」とはどう違うのか、という疑問が湧くと思います。「学習指導要領」や「解説」には書かれていませんが、学習評価に関する文部科学省の「通知」や中央教育審議会の「報告」等で示された内容を踏まえると、「学習評価の観点」で測れるものを「学力」として捉えればよいことが分かります。すなわち、「知識・技能」「思考・判断・表現」「主体的に学習に取り組む態度」という観点です。

　ここで、踏まえておくべきは、上記の学力は不易な捉え方でなく、実際の学力はこれらに限定されるものでもないということです。あくまでも、学習評価の観点としての学力は、現行の学習指導要領の目標に沿って描かれた学力であり、人間の学力の捉え方を狭める必要はありません。現に社会人・企業人に求められる力などとして、企画力、発想力、対人関係力などと様々に言われますが、これらの能力も広い意味で学力と言えるでしょう。

　なによりも、学習評価の観点は、学習指導要領の変遷などを踏まえて、いろいろと変わってきました。例えば、「技能・表現」「道徳的判断力」などの観点が示された時期もあり、平成 20 年告示の学習指導要領における学習評価の観点では、「知識・理解」「技能」として知識と技能が分けて示されていました。ですから、**現行の学習指導要領において求められている資質・能力のうち、示された学習評価の観点で測れるものを学力と捉える**ことが、今は妥当であろうということです。

　右頁の図は学習評価の在り方に関する中央教育審議会からの「報告」に記載されているものです

（「児童生徒の学習評価の在り方について（報告）」中央教育審議会初等中等教育文化会教育課程部会（平成31年1月21日）。

資質・能力の柱の一つである「学びに向かう力、人間性等」に対応する評価の観点が「主体的に学習に取り組む態度」とされ、同資質・能力のうちで人間性の要素と考えられる「感性、思いやりなど」と分けられています。

このように、資質・能力と観点別学習状況で測れる

学力は対応こそすれども「イコール」ではないのです。このことは、「資質・能力」の柱の一つである「思考力、判断力、表現力等」に対応する評価の観点が「思考・判断・表現」であることからも分かります。すなわち、育成を目指すのは「思考力、判断力、表現力等」であり、さらに言えば、この「等」とあるように問題解決能力やコミュニケーション能力など、教科等の特性を踏まえて考えられる他の能力を含んでいます。

しかし、学習評価の対象は「思考・判断・表現」している子供の「学習状況」であり、その場その場で「〇〇力」の優劣などを評価しているわけありません。「思考・判断・表現」の学習活動を繰り返し評価し指導していくことで、「思考力、判断力、表現力等」が養われていくことを目指すという関係なのです。「知識」についても、教科等の目標では p.14 で示したように概念的で大きな知識を身に付けることを求めていますが、学習評価の対象は「〜を理解している」などと具体的でやや細かな知識の習得状況になっています。

これらのことから分かるように、資質・能力は、目標として「目指す方向」であり、その方向へ向かっていくために学習評価で測れる学力を測り、それを指導に生かしていこうという構図なのです。

ですから左頁の図に戻ると、表現力は汎用性が高いけれど、「思考・判断」の学習状況と関連付けて育成を図っていくことが効果的なので、「思考・判断・表現」という観点にして評価し、「思考力、判断力、表現力」を一体的に指導して育成していこうということなのです。

最後に、右上の図で「感性、思いやりなど」が観点別評価ではなく「個人内評価」がふさわしいとされている点について触れたいと思います。p.18 でも述べた「涵養される人間性等」に当たるものです。確かに一単元で養われたかどうかを判断するのは難しい事柄です。しかし各教科等の目標に掲げられているわけで、それを全く評価しないとなると、目標の実現状況を測る教科マネジメントができないことにもなってしまいます。

したがって、文部科学省等からサンプルが示されない限り、今できることは、評価の観点「主体的に学習に取り組む態度」において評価資料とする子供たちの反応（表現）から「人間性等」に関わる部分が見られたら教務手帳などにメモしておき、その顕著なものを児童（生徒）指導要録や学期ごとの通知表に記録することが考えられます。

09 多面的・多角的に考える

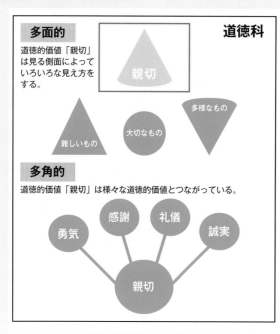

道徳科

多面的
道徳的価値「親切」は見る側面によっていろいろな見え方をする。

親切

難しいもの　大切なもの　多様なもの

多角的
道徳的価値「親切」は様々な道徳的価値とつながっている。

勇気　感謝　礼儀　誠実

親切

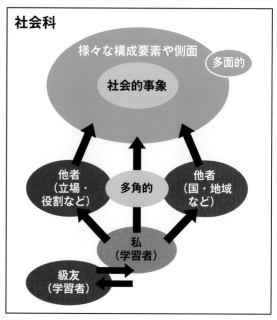

社会科

様々な構成要素や側面　多面的

社会的事象

他者（立場・役割など）　多角的　他者（国・地域など）

私（学習者）

級友（学習者）

これは、「小（中）学校学習指導要領」で示された「多面的・多角的」という文言を、特に多用している特別の教科道徳（以下「道徳科」という）と「社会科」で比べてみたものです。

これらは、一般的には思考力や判断力に関わるもので「多面的・多角的な考察」などの文言で使われることがあります。上の左側の図は、帝京大学教授（前文部科学省教科調査官）の赤堀博行氏が作成したもので、右側は筆者が作成したものです。

1 道徳における「多面的・多角的」

「道徳科」の目標は、「第1章総則の第1の2に示す道徳教育の目標に基づき、よりよく生きるための基盤となる道徳性を養うため、道徳的諸価値についての理解を基に、自己を見つめ、物事を多面的・多角的に考え、自己の生き方についての考えを深める学習を通して、道徳的な判断力、心情、実践意欲と態度を育てる」（中学校は「広い視野から」「人間としての生き方」の文言が加わる）と示されています。

「小（中）学校学習指導要領解説　特別の教科 道徳編」においても「多面的・多角的」という文言が多く登場します。以下がその一例です。

■教材に描かれている道徳的価値に対する児童一人一人の感じ方や考え方を生かしたり、物事を多面的・多角的に考えたり、児童が自分との関わりで道徳的価値を理解したり、自己を見つめるなどの学習が深まるように留意する。

■道徳科における問題解決的な学習とは、ねらいとする道徳的諸価値について自己を見つめ、これからの生き方に生かしていくことを見通しながら、実現するための問題を見付け、どうしてそのような問題が生まれるのかを調べたり、他者の感じ方や考え方を確かめたりと物事を多面的・多角的に考えながら課題解決に向けて話し合うことである。

赤堀氏は、児童生徒が多様な考え方や感じ方に接することが大切であり、多様な価値観の存在を

前提にして、他者と対話したり協働したりしながら、物事を多面的・多角的に考えることが求められると説明しています。

その際、「多面的」について「一つの事象（道徳的価値）を様々な側面から見てみるといろいろな見え方がある。親切一つとっても、親切にすると自分もうれしい、親切にすると相手が喜ぶ、でも親切にするのは難しいなどと道徳的価値には様々な側面がある」と説明し、授業では、親切にする側と親切にされる側の両面から考えさせることの大切さなどを求めています。

また「多角的」については、「一つの事象（道徳的価値）から様々な方向を見てみると、いろいろなもの（他の道徳的価値）が見える。例えば、中心的な道徳的価値が「善悪の判断」だとしても、公徳心、友情・信頼、生命尊重、規則尊重などが関連付いて見える」と説明し、道徳的価値について広がりをもって考えさせることなどを求めています。

違う側面から見ると
別の見え方がある

関連する道徳的価値に
広がりをもたせて考える

赤堀博行『「特別の教科　道徳」で大切なこと』（東洋館出版社・2017年11月）より

2 社会科における「多面的・多角的」

社会科においては、小学校では「多角的に考える力」（第5・6学年）を、中学校では「多面的・多角的に考察する力」をそれぞれ学習指導要領の目標に示しています。「小（中）学校学習指導要領解説　社会編」では、小学校で「児童が複数の立場や意見を踏まえて考えることを指している。学年が上がるにつれて徐々に多角的に考えることができるようになることを求めている」と説明しています。

また、中学校では「学習対象としている社会的事象自体が様々な側面をもつ『多面性』と社会的事象を様々な角度から捉える『多角性』とを踏まえて考察する」と説明しており、上記の道徳のイラストと逆のイメージです。

しかし、これは道徳科が自分の内面（右上の図で言うと、木は道徳的価値であり自分の内面に形成されるもの）が対象であるのに対し、社会科は自分の外側にある社会的事象が対象であるからです。社会科の場合は、上記の「木」は自分から見える社会的事象ということになります。

小学校社会科でいう「多角的に考える」とは、例えば、生産者（農業従事者など）と消費者（国民）、支援する国（日本）と支援される立場の国（発展途上国）などと、立場を入れ替えながら考えるイメージです。社会科で「多角的」に考えれば、多面的な側面から「内包されるよさや課題」など道徳的価値に関わるものも見えますが、社会科のねらいの中心はそこではありません。

これが、教科等の特質による違いです。すなわち思考の仕方（様式）が優先するのではなく、それが学習対象（内容）とセットになってはじめて、「その教科らしい学び方」が成立するのだと言えます。

10 情報活用能力

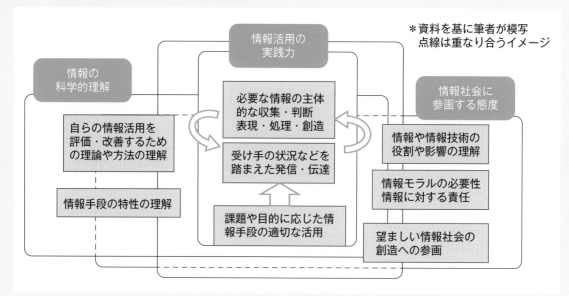

＊資料を基に筆者が模写
点線は重なり合うイメージ

情報活用能力調査（平成25年10月〜平成26年1月）を実施した文部科学省は、「情報活用の実践力」とそれを支える「情報の科学的な理解」「情報社会に参画する態度」の観点に沿って、上の図のように情報活用能力を8つの要素に整理しています。調査対象は、国公私立の小学校第5学年児童約3300名（116校）、中学校第2学年生徒約3300名（104校）で、平成27年3月に調査結果が公表されました。この調査はデジタル化された情報の扱いに比重をかけたものでもありました。

調査結果では、小・中学生における課題として次のことが示されています。

[小学生]
❶整理された情報を読み取ることはできるが、複数のウェブページから目的に応じて、特定の情報を見付け出し、関連付けることに課題がある。
❷情報を整理し、解釈することや受け手の状況に応じて情報発信することに課題がある。
❸自分に関する個人情報の保護について理解しているが、他人の写真をインターネット上に無断公表するなどの他人の情報の取扱いについての理解に課題がある。
[中学生]
❶小学生の❶と同じ。
❷一覧表示された情報を整理・解釈することはできるが、複数のウェブページの情報を整理・解釈することや、受け手の状況に応じて情報発信することに課題がある。
❸不正請求メールの危険性への対処についての理解に課題がある。

こうしたポイントからも分かるように、小・中学生ともに、デジタル化された情報の選択・吟味や整理・解釈、情報発信の際の相手意識などに課題が見られました。

情報活用能力を構成する資質・能力

○情報活用能力を構成する資質・能力を、「知能・技能」、「思考力・判断力・表現力等」、「学びに向かう力・人間性等」の三つの柱に沿って整理をすると、以下のようになると考えられる。

（知能・技能）

　情報と情報技術を活用した問題の発見・解決等の方法や、情報化の進展が社会の中で果たす役割や影響、情報に関する法・制度やマナー、個人が果たす役割や責任等について、情報の科学的な理解に裏打ちされた形で理解し、情報と情報技術を適切に活用するために必要な技能を身に付けていること。

（思考力・判断力・表現力等）

　様々な事象を情報とその結びつきの視点から捉え、複数の情報を結びつけて新たな意味を見出す力や、問題の発見・解決等に向けて情報技術を適切かつ効果的に活用する力を身に付けていること。

（学びに向かう力・人間性等）

　情報や情報技術を適切かつ効果的に活用して情報社会に主体的に参画し、その発展に寄与しようとする態度等を身に付けていること。

　この調査結果を踏まえ、中央教育審議会答申（平成28年12月）は、上記のように、「情報活用能力を構成する資質・能力」を示しました。また、これを受けて「小（中）学校学習指導要領総則」でも、「第2　教育課程の編成」において以下のように示しています。

> 　各学校のおいては、児童（生徒）の発達の段階を考慮し、言語能力、情報活用能力（情報モラルを含む。）、問題発見・解決能力等の学習の基盤となる資質・能力を育成していくことができるよう、各教科等の特質を生かし、教科等横断的な視点から教育課程の編成を図るものとする。
>
> （下線は筆者）

　上記の資質・能力を見ると、各教科等の目標（資質・能力）より汎用性が高く描かれていることが分かります。特に、情報モラルについては「知識・技能」や図中の「情報の科学的理解」を、また情報活用能力については「思考力、判断力、表現力等」や図中の「情報活用の実践力」を、さらに、情報リテラシーについては「学びに向かう力・人間性等」や図中の「情報社会に参画する態度」をそれぞれ柱として、各教科等の資質・能力と関連付けられるように描かれています。

　最後に、「情報活用能力の育成」をテーマに校内研究（研修）を進め、カリキュラム・マネジメントを行う際の留意点について触れます。それは、資質・能力に着目して「○○教育」を進める際に共通する事柄です。

　教育課程は各教科等で構成されていることから、授業時間数は各教科等ごとに配当されています。つまり、直接「情報活用能力の育成」のために配当されている時間数というものはないことになります。全て、各教科等の時間を使って育成しているのです。そこで、授業のねらいについては各教科等の目標に基づいて設定し、「情報活用能力の育成」については「本時の視点」などとして位置付けるとよいでしょう（技術・家庭の技術分野の授業は除く）。決して、「○○教育」が各教科等の上位に位置付くような主客転倒にならないようにしましょう。

深い学び

深い学びのイメージ

深い学びを実現するルート

主体的に学ぶ子供を育てる

対話的に学ぶ子供を育てる

資質・能力

見方・考え方

カリマネ

授業改善

学習評価

教材研究

学級経営

学級経営

指導技術

その他

11 深い学びのイメージ

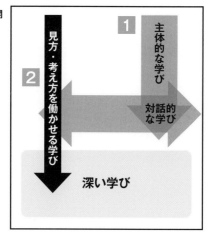

深い学びを実現する2つのルート

単元等の展開

1 主体的な学び

対話的な学び

2 見方・考え方を働かせる学び

深い学び

この図は学習指導要領が描いている「深い学び」のイメージを表現したものです。「深い学び」は言葉として一人歩きをはじめた結果、必要以上に難解な捉え方が聞こえてきます。ここで一度、本質に立ち返って考える必要があります。

深い学びは「03」（p.10）の図解で述べたとおり、「教科等の特質に応じた見方・考え方を働かせ、〜活動（学習過程）を通して〜、目標として示された資質・能力（三つの柱に沿った資質・能力）が相互に結び付き、バランスよく育成される学習」のことです。したがって、深い学びという典型的な学びがあるわけではなく、教科等ごとの目標に示された方向に向かう学びを指しています。

学習指導要領では、深い学びの実現を次の二つの趣旨で説明しています。

❶「主体的・対話的で」→深い学びを実現すること
❷「各教科等の特質を踏まえた見方・考え方を働かせて」→深い学びを実現すること

前者は各教科等に共通するプロセス、後者は各教科等ごとの特質があるプロセスとしてそれぞれ説明しています。

1 主体的・対話的で深い学びの実現

下記の教科の「学習指導要領解説」における「指導計画の作成と内容の取扱い」から、「主体的・対話的で深い学び」の説明の主な部分を抜き出してみます。

国語科	主体的に学習に取り組めるよう学習の見通しを立てたり学習したことを振り返ったりして自身の学びや変容を自覚できる場面をどこに設定するか、対話によって自分の考えなどを広げたり深めたりする場面をどこに設定するか、学びの深まりをつくりだすために、児童が考える場面と教師が教える場面をどのように組み立てるか、といった視点で授業改善を進めることが求められる。

算数科	児童自らが、問題の解決に向けて見通しをもち、粘り強く取り組み、問題解決の過程を振り返り、よりよく解決したり、新たな問いを見いだしたりするなどの「主体的な学び」、数学的な表現を柔軟に用いて表現し、それを用いて筋道を立てて説明し合うことで新しい考えを理解したり、それぞれの考えのよさや事柄の本質について話し合うことでよりよい考えに高めたり、事柄の本質を明らかにしたりするなど、自らの考えや集団の考えを広げ深める「対話的な学び」、日常の事象や数学の事象について、「数学的な見方・考え方」を働かせ、数学的活動を通して、問題を解決するよりよい方法を見いだしたり、意味の理解を深めたり、概念を形成したりするなど、新たな知識・技能を見いだしたり、それらと既習の知識と統合したりして思考や態度が変容する「深い学び」を実現することが求められる。

　他の教科等の「解説」を読んでいただいても分かると思いますが、見通しや振り返りを通して自分の学習状況を把握するのが「主体的な学び」、話し合い等で考えを広げたり理解を深めたりするのが「対話的な学び」といった共通のスタイルが説明されています。また、深い学びについては、説明の仕方が異なりますが、目標の実現をどう目指すかが書かれています。

　そもそも学習指導要領が求める「深い学び」は、学習指導要領の目標を逸れたり超えたりすることを求めているわけはないのです。いずれにしても「主体的・対話的で深い学び」は、各教科等におおむね共通する学習プロセスが描かれていると言うことができそうです。

2 教科等の特質に応じた見方・考え方を働かせた深い学びの実現

　見方・考え方については、別頁で詳しく述べますが、ここでは「学習指導要領解説　総則編」における「主体的・対話的で深い学びの実現に向けた授業改善」に記載されている見方・考え方についての説明を確認しておきましょう。

　（前略）特に「深い学び」の視点に関して、各教科等の学びの深まりの鍵となるのが「見方・考方」である。各教科等の特質に応じた物事を捉える視点や考え方である「見方・考え方」は、新しい知識及び技能を既にもっている知識及び技能と結び付けながら社会の中で生きて働くものとして習得したり、思考力、判断力、表現力等を豊かなものとしたり、社会や世界にどのように関わるかの視座を形成したりするために重要なものであり、習得・活用・探究という学びの過程の中で働かせることを通じて、より質の高い深い学びにつなげることが重要である。（後略）

　「主体的・対話的で」→「深い学び」だけを論じていると、各教科等の特質は必要性がないかのように錯覚してしまいがちです。そこで登場するのが、各教科等の特質に応じた「見方・考え方」です。それが深い学びの「鍵」と表現されているのだから、各教科等ごとに「深い学び」の姿があることになります。各教科等の「見方・考え方」の説明に共通するのは、以下のとおりです。

■ 見方・考え方は、その教科等らしい学びの道筋やその教科等が求める学びの方向を示している。
■「〜に着目して」「〜を関係付けて」などと、その教科等らしい眼の着け所や頭の働かせ方を描いており、目標（資質・能力）のように「身に付ける」「養う」とは書かれていない。

12 深い学びを実現するルート

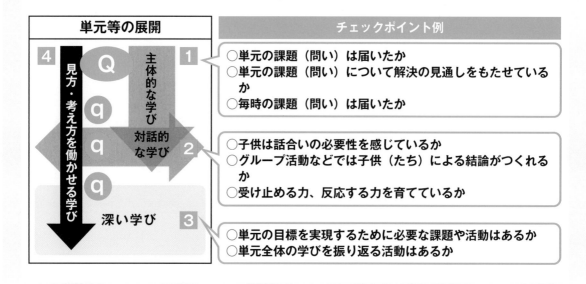

単元等の展開	チェックポイント例

1
○単元の課題（問い）は届いたか
○単元の課題（問い）について解決の見通しをもたせているか
○毎時の課題（問い）は届いたか

2
○子供は話合いの必要性を感じているか
○グループ活動などでは子供（たち）による結論がつくれるか
○受け止める力、反応する力を育てているか

3
○単元の目標を実現するために必要な課題や活動はあるか
○単元全体の学びを振り返る活動はあるか

　この図は、「11」の「深い学び」を実現するルートを少し詳しく説明するものです。「主体的・対話的で深い学び」は、本来「主体的」「対話的」などと切り離して捉えずに一連の学習展開として捉えるべきものですが、前頁に掲載した国語科や算数科の「解説」の記述にも見られるように、あえてそれぞれの視点から説明することも可能です。ここでもそのようにして図解で説明します。どれもみな授業改善の視点ですから、ご自分の授業に投げかける「自問」の例として考えてみます。

1 主体的な学びに必要な自問の例

- 単元の学習課題（問い）は届いたか。
- 単元の学習課題（問い）について解決の見通しをもたせているか。
- 毎時の学習課題（問い）は届いたか。

　これらは、例えば、黒板に書かれれば（あるいは、教師が言葉で伝えれば）子供に学習課題（問い）が届いていると思い込んではいないかという自問です。学習課題（問い）の意味が分からなければ、学習活動の目的や学習する必然性が分からないため、主体的になりようがありません。学習課題（問い）自体についての補足説明や解決策の例示、子供の予想などを通して具体的なイメージをもたせる届け方が大切なゆえんです。

　予想ができてはじめて、子供は学習の見通しをもつことができ、学習課題（問い）が届いた状態になります。何よりも予想がなければ、自分で学習を進めようする主体性は生まれません。「教師が何かを指示し、いつも子供はそれを待つ」という関係になってしまいます。子供が一人で歩き出せないのなら主体的とは言えません。

2 対話的な学びに必要な自問の例

- 子供は話合いの必要性を感じているか。
- グループ活動などでは子供（たち）による結論がつくれるか。
- 受け止める力、反応する力を育てているか。

　これらは、子供は教師の指示で動くだけになっていないか、話し合いたいという必要感が子供た

ちにあるか、そもそも何のために話し合いなのか、何ができれば解決（実現）したと言えるのかを子供は理解しているか、といった自問です。「今、調べて（話し合って）いるのは〇〇のためである」と子供が言える状態にあるか。こうした目的意識や必要性を感じることができなければ指示されたままに動くだけです。

また、「子供（たち）による結論がつくれるか」についても見つめ直してみるとよいでしょう。話合いやグループ活動といっても結局は教師が結論をまとめて一方的に説明して終わりになっていないか、子供（たち）が自分（たち）なりの結論をまとめることが許容されているかについて見つめ直すことが大切です（p.34で詳述）。加えて、子供同士の意見や発言はつながっているかという自問です。

対話的な学びは、話型などの形式のみをトレーニングしても実現しません。対話のために必要なのは、他者の話をよく聞き、受け止めて反応する力だからです。対話的な学びが日常的に見られる学級では、子供の使う言葉が接続詞やつなぎ言葉からはじまります。言い出しが「だから」「それはね」「つまり」「〇〇さんに似ていて」などです。これらが他者の話をよく聞いている反応例です。これらが見られたら「ほめる」ことが「受け止めて反応する力」を育てることにつながります。

3 深い学びに必要な自問の例

■ 単元等の目標を実現するために必要な学習課題や活動はあるか。
■ 単元全体の学びを振り返る活動や場面はあるか。

これらは、主体的・対話的で深い学びを方法論のみで捉えていないかという自問です。あえて分けるならば「主体的・対話的」については、子供の学びをよく見据えてそれに寄り添う授業デザインが必要ですが、「深い学び」については、子供を連れていく先を教師が目標分析や教材研究で準備する必要があります。「深い学びにつながらない主体性や対話」を目指しているわけではないからです。

あらためて教材研究の大切さが注目されます。教材研究に基づいた学習課題（問い）の研究が新しい視点になるからです。教材研究は教材を通して子供に何を理解させるかという答え（A）の研究が中心ですが、これからさらに必要になるのは、子供が主体的に見方・考え方を働かせて解決（A）に向かっていくための学習課題（問い・Q）の研究になります。

また、単元等のまとまりで授業を進めた際、その全体を振り返る活動や場面はあるかという自問です。教師は意図をもって学習内容や学習時間のまとまりを単元という形で構想します。そこには、教師の「こういうことを分かってほしい、考えてほしい、こうなってほしい」といった大括りの意図が込められているはずです。単元全体の振り返りは、子供による学習全体の総括であるとともに「深い学びは実現できたか」と教師の自己評価にもつながります。

4 見方・考え方は課題（問い）に変換する

主体的・対話的で深い学びの単元展開を考える際には、ここまで述べたように課題（問い）が鍵になります。この課題（問い）の設定に教師が各教科等の特質を意識することで見方・考え方を説明できます。すなわち、子供自身が働かせる見方・考え方の方向付けをするのは教師であり、その具体的な方法は課題（問い）の設定になるという理屈です。

教師は、各教科等の特質に応じた見方・考え方を理解し、単元や毎時の学習課題（問い）、授業中の発問などでそれを意識することで、子供の頭の働きがその教科等が求める方向へ促されます。

13 主体的に学ぶ子供を育てる

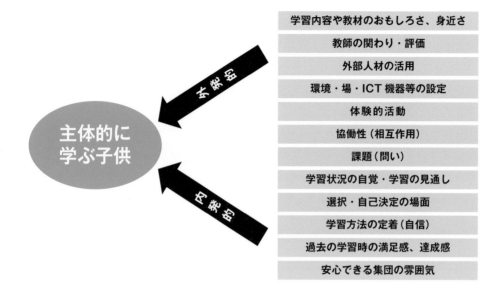

以下の囲みは、小・中学校の研修会で行ったグループワークで、多くの先生方から出された手立てをキーワードにして並べたものです。研修会などでは、先生方からこうした手立てがどんどん出てきます。

> 体験的な活動、実物の提示、課題の明確さ（わかりやすさ）、興味を引く課題提示、課題の必然性（矛盾、ズレ、驚き）、温かい人間関係、振り返って自己評価、他の子供の表現の紹介、身近な生活経験と結び付ける、学習計画、ゴールの明確化、十分な時間確保、つぶやきを生かす、教師のコメント・励まし、選択・決定の場、子供が進行する学習、リレー形式の発言、学級目標、学び方の指導（ノート、ICT）、子供の実態を把握した助言、基礎学力の定着、教師の教材準備、ワークシートの工夫など

校内研究では3年目の先生もいれば30年目の先生もいます。それぞれが考えていること、これまで行ってきたことを出し合うだけでも、「主体的」という言葉に代わる授業改善の具体的な視点が生まれます。

これが各学校において必要です。「主体的」という言葉だけを使っていても授業改善は進みません。既に先生方が工夫している指導方法等を確認しながら、具体的な視点を見いだすことが必要だからです。

そこで私は、様々な研修会を通して情報収集しながら整理しています。それらをまとめたものが上の図です。まだ作成途上ですが、先生方からたくさんのアイディアをいただいています。

「外発的」と「内発的」については、明確に区分しづらい面があります（この図でも多少の意識はして位置を決めていますが線引きはしていません）。しかし、あえて言えば、これまでの研究実践は「外発的」な動機付けに傾斜しすぎていたように思います。

もちろん、それらの手立てはこれからも大切です。しかし、今後は子供自身が学習を見通したり振り返ったりして学習（課題解決）の状況を自覚する、その後の学習を修正したり新たな問いを見いだしたりする、社会や生活とつなげて学んだことの意義を実感するといった「内発的」な動機付

けにも目を向ける必要があると思います。

　中央教育審議会の議論の中で、ある委員が「これからの子供たちに必要な学力」を自動車に見立てて述べていました。

「知識・技能と思考力・判断力・表現力は両輪、関心・意欲・態度はエンジン。エンジンがいくら大きくても自分でコントロールできないのは困る。これからはハンドルが必要だ」。

　全国でも教育委員会などが主導して「学習スタイル」「授業展開モデル」などを示している例が多く見られます。こうした取組は、教師にとっては授業の進め方が身に付き、子供にとっては安定した授業を受けられるという効果が期待できます。

　しかし、もう一つ、子供にとって学習の進め方が身に付くという効果にも目を向けたいものです。身に付いたら次は子供自身にハンドルをもたせたいものです。どの内容・単元・時間でどの程度そのような活動・場面を設定するかについて決まりはありません。教科等の特質もあるでしょう。しかし、そうした活動・場面を設定しない限り主体的に学ぶ子供は育ちません。

　文部科学省の通知（平成31年3月）で示された「関心・意欲・態度」に代わる新たな学習評価の観点「主体的に学習に取り組む態度」について、中央教育審議会「児童生徒の学習評価の在り方について（報告）」（平成31年1月）では、次のように説明しています。

---

❶知識及び技能を獲得したり、思考力、判断力、表現力等を身に付けたりすることに向けた粘り強い取組を行おうとする側面
❷粘り強い取組を行う中で、自らの学習を調整しようとする側面
の二つの側面で評価することが求められる。

---

　❶からは、従来の「関心・意欲・態度」の評価で陥りがちであった挙手の回数やノート記述の分量などを評価材料とするのではなく、他の観点との関連を重視するという趣旨が伝わります。また❷からは、「いわゆるメタ認知に関するもの」が打ち出されていることが分かります。「粘り強い取組を行う中で」という表現から、❶と❷は関連性の深いものであることが分かります。

　「主体的に学ぶ」という文言は、従来から学校の教育現場でよく使われ、教師が求める子供の姿の「代表」と言っても過言ではありません。特に小学校では校内研究（研修）のテーマなどに同様の意味で「自ら考える」「進んで追究する」「自主的に取り組む」などの文言が多く用いられています。その一方で、それは具体的に「子供のどのような姿なのか」は、教師間で必ずしも一致していないのではないでしょうか。

　中央教育審議会答申（平成28年12月）で示された資質・能力の一つが「どのように社会・世界と関わり、よりよい人生を送るか（学びを人生や社会に生かそうとする）〔学びに向かう力・人間性等〕」であり、主体的に学習に取り組む態度は、ここに位置付きます。これまで先生方がイメージしていた「主体的」よりも、かなり大きなイメージではないでしょうか。

　左記の「内発的」な動機付けを重視するためには、これまでの発想を変える授業改善が必要になるはずです。これからはあらためて、「主体的に学ぶ」子供の姿を共通理解しながら教育実践を進めていくことが大切です。未来を生きる子供たちが「よりよい人生を送るため」などと描かれている以上、教師が変わるしかないのかもしれません。

14 対話的に学ぶ子供を育てる

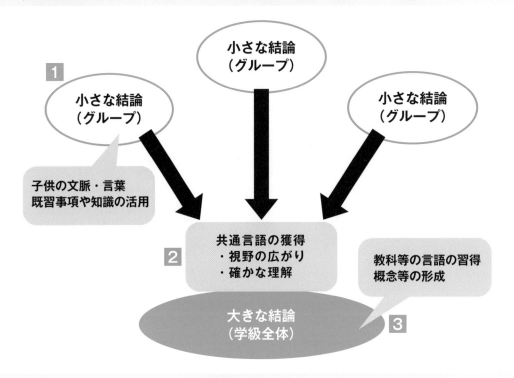

この図は、グループ活動を取り入れた対話的な学びのイメージを表したものです。

1 子供たちの自力による「小さな結論」

　大きなデジタル時計をもち出し「３分間、グループで話し合いましょう」と指示する光景を授業でよく見かけます。確かに、授業時間は限られているわけですから、無制限に話し合わせることはできません。しかし時間ばかり強調すると、子供たちは落ち着いてじっくり話し合うことよりも時間のほうが気になってしまい、「その時間が経過すれば話し合ったことになる」と時間の経過が話し合いのゴールであるかのような誤った印象をもってしまう懸念があります。

　当然ながら話し合いの目的は、時間の経過ではなく、子供同士が互いの意見をもち寄って新たな気付きを見いだしたり、互いの考えを深めたりすることにあります。そこで、たとえば、「大事だと思うことを二つ見つけたら、代表の人は立って（発表して）ください」などと話合いのゴールを示すと、様子が異なってきます。「ゴールイメージは（時間ではなく）大事だと思うことを見つけることだ」と意識がシフトするはずだからです。

　そもそも、子供たちは話し合うことの目的や必要性を見いだせていないことだって考えられます。情報が多すぎて整理が必要になったり、どちらが大事か迷ったり、課題解決が困難で困ったりしないと、話し合うことに意欲が向かいません。ですから、そうした目的や必要性を子供が感じるという前提でグループ活動を設定するなら、子供たち自身の力でまずは結論をつくらせるべきなのです。

　ただ、なかには「意見がまとまらない」「なかなか答えが出せない」グループも出てくるはずです。しかし、それでいいのです。その場合にも「どのような意見が出たか」「どこで迷ったか」などについて、代表者から報告させればよいのです。

　大切なことは、**子供たちが自分たちのもっている言葉を使って、自分たちの文脈で考えたことを説明する**ことです。そこでは、結論ではなく話合いのプロセスが表現されます。この話合いのプロセスこそ、思考力、判断力、表現力が発揮され、育成される場面です。

　結論だけを述べさせると、知識のみが重要であるかのような印象を与えます。教師の反応もそれが正しいか間違っているかに偏ります。社会科の例ですが、「関係機関が連携する」というよりも、「いつも連絡を取り合って力を合わせる」「必要な人たちが集まって仕事がつながり合う」などのほうが子供のもっている言葉に近いため、確かな理解が促されます。

② 子供たちの「共通言語」の獲得

　教師は、その授業（本時）の目標を考えていますし、教材研究を行ったうえで授業を行いますから、目標に規定される言葉、学習指導要領や教科書に示されている「大人の言葉」での理解を期待します。しかし、上記のように子供が理解するためには、まず自分たちの言葉や文脈で解釈することが必要なのです。

　グループで話し合うということは、そうした子供の言葉による、子供の文脈による解釈が、学級全体で見るといくつも提示されることになります。一つのグループだけの独りよがりな表現ではなく、みんなの納得する言葉や説明を吟味する機会が生まれるわけです。

　このような過程を経て選ばれた表現は、教師が準備していた「目標の言葉・大人の言葉」よりも、子供（たち）自身の力で視野を広げ確かな理解が促される言葉になっていることもあります。先ほどの例でいうと、「関係機関の連携」よりも「必要な仕事のつながり」「連絡し合って協力」などのほうが、子供たちの共通言語として残りやすく、確かな理解につながるのではないでしょうか。

③ 教科等の言語の習得

　子供（たち）自身の力で言葉が吟味されれば、確かな理解につながります。しかし、そのことと「教師が教えてはいけない」はイコールではありません。それは、子供たち自身の力で、目標の言葉・大人の言葉を獲得するプロセスなのです。ですから、学級全体で学習のまとめをするときには、教師の出番が必要です。

　各教科等において、大切な、次の学習に使える言葉（概念等）があることでしょう。それを子供自身が使えるようにすることが大切です。そのため、教師が一方的に説明して教え込んでも、意味を覚えさせても、使えるようにはなりせん。

　そこで、②で示したように、子供たちが自分たちの言葉を選んで決めて使うようにしたときに、「そうだね、それを〇〇というんだね」と教師が使わせたい言葉とつなげるようにすると効果的です。「ようこそ〇〇科（教科）の世界へ」というイメージです。子供の理解と教師の指導事項が手を結ぶ場面です。そうでなければ、子供はいつまでも自分の文脈だけで物事を理解したり考えたりすることにとどまってしまいます。

　学問には、その学問個有の存在意義があります。日本の教育課程に教科等の構成があるのもそのためでしょう。ですから、教師は最終的にその教科等の言葉を子供に授ける必要があります。そこで、授けるに適する場面はどこかを考えてみるとよいでしょう。それが学級全体の「大きな結論」としてふさわしいものになることでしょう。「（主体的・）対話的で」深い学びが求められているわけで、深い学びは常に目標の実現を見据えて行うべきものだからです。

見方・考え方

見方・考え方の全体像

この図は、「見方・考え方」と資質・能力の三つの柱の関係を説明するものです。

学習指導要領では、見方・考え方を「各教科等の特質に応じた物事を捉える視点や考え方である」と説明しています。そして、（p.10 に示したように）各教科等の目標の柱書に位置付け、資質・能力を養うための学習活動や学習過程につなげて説明しています。

1 見方・考え方は資質・能力ではない

ここで確認すべきは、**見方・考え方は資質・能力ではない**ということです。三つの資質・能力が子供に育まれることを期待して、子供自身が働かせるようにするものです。下記は「学習指導要領解説」における各教科等の「見方・考え方」の説明です。

各教科等の解説に見られる「見方・考え方」の説明

国語
　　対象と言葉、言葉と言葉との関係を、言葉の意味、働き、使い方等に着目して捉えたり問い直したりして、言葉への自覚を高めること

社会
　　社会的事象を、位置や空間的な広がり、時期や時間の経過、事象や人々の相互関係に着目して捉え、比較・分類、総合したり、地域の人々や国民の生活と関連付けること

算数
　　事象を数量や図形及びそれらの関係などに着目して捉え、根拠を基に筋道を立てて考え、統合的・発展的に考えること

理科
　　自然の事物・現象を、量的・関係的、質的・実体的、多様性と共通性、時間的・空間的などの科学的な視点で捉え、比較、関係付け、条件制御、多面的に考えること

生活
　　身近な人々、社会及び自然を自分との関わりで捉え、よりよい生活に向けて思いや願いを実現しようとすること

音楽
　　音楽に対する感性を働かせ、音や音楽を、音楽を形づくっている要素とその働きの視点で捉え、自己のイメージや感情、生活や文化などと関連付けること

図画工作
　　感性や想像力を働かせ、対象や事象を、形や色などの造形的な視点で捉え、自分のイメージをもちながら意味や価値をつくりだすこと

各教科等の解説に見られる「見方・考え方」の説明

家庭
　　家族や家庭、衣食住、消費や環境などに係る生活事象を、「協力・協働、健康・快適・安全、生活文化の継承・創造、持続可能な社会の構築」等の視点で捉え、生涯にわたって、自立し共に生きる生活を創造できるよう、よりよい生活を営むために工夫すること

体育
　　運動やスポーツを、その価値や特性に着目して、楽しさや喜びとともに体力の向上に果たす役割の視点から捉え、自己の適性等に応じた『する・みる・支える・知る』の多様な関わり方と関連付けること

外国語
　　外国語で表現し伝え合うため、外国語やその背景にある文化を、社会や世界、他者との関わりに着目して捉え、コミュニケーションを行う目的や場面、状況等に応じて、情報を整理しながら考えなどを形成し、再構築すること

総合的な学習の時間
　　・各教科等における見方・考え方を総合的に働かせるということ
　　・特定の教科等の視点だけで捉えきれない広範な事象を、多様な角度から俯瞰して捉えること

特別活動
　　各教科等の見方・考え方を総合的に働かせながら、自己及び集団や社会の問題を捉え、よりよい人間関係の形成、よりよい集団生活の構築や社会への参画及び自己の実現に向けた実践に結び付けること

　これを見ると、各教科等の特質があるので、統一的な表記とはいきませんが、おおむね次の3点を共通点として挙げることができます。

- 各教科等が求めている「思考・判断・表現」など学びの方向が示されていること。
- 着目する視点には各教科等の内容的な特質が表され、考え方には「比較」、「関連（関係）付け」など、各教科等に共通する方法的な文言が多いこと（ただし、「○○と関連付ける」などの○○にも内容的な特質が表されている）。
- 「〜を、〜の視点に着目して捉え、〜考え方を駆使（比較、関連付け、つくりだす、再構成するなど）する」など、子供の学びのプロセスを描いていること。

　三つの柱のうち、どの資質・能力と親和性が高いかは、教科等の特質によるのかもしれませんが、多くの教科等では、「知識及び技能」と「思考力、判断力、表現力」を結び付けるような位置付けではないでしょうか。

② 学びに向かう力につながるもの

　これまで「思考力、判断力、表現力」というと教科横断的なイメージが強く、各教科等ごとにどのようにその育成を図るかという具体策が、学習指導要領等では示されずにいました。見方・考え方は、どんな知識（技能）を視点にしてどのように考えれば（表現すれば）、その教科等の深い学びにつながるのかを示したものなので、ブラック・ボックスだった部分を埋める役割があります。

　（資質・能力ではないので評価対象にはなりませんが）見方・考え方が子供に身に付き、意識されるようになれば、学びに向かう力の育成につながるものと捉えることができます。

③ 主体的に働かせるように課題を

　いずれにしても、「見方・考え方を指導する」「見方・考え方を身に付けさせる」ことを優先すると、指導事項になってしまい、資質・能力や評価対象と混同されます。養われた「学びに向かう力」を生かすようにし、子供が自ら働かせるようにする必要があるのです。そこで重要になるのが、ここまで何度も述べてきた学習課題（問い）なのです。

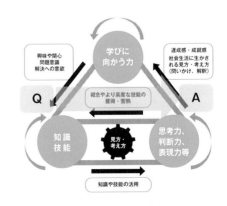

16 見方・考え方が鍛えられる過程

見方・考え方が「鍛えられる」イメージ

国語	社会	算数数学	理科	生活	音楽	図画工作美術	家庭技術家庭	体育保健体育	外国語活動外国語	道徳科	総合的な学習の時間	特別活動

各教科等の授業の中で、それぞれの特質に応じた「見方・考え方」を働かせて学ぶ

授業で繰り返し働かせる

「学び方」の習得

豊かで確かになっていく

教科等ごとに身に付けた資質・能力により、「見方・考え方」が豊かで確かなものになっていく

「学び方」の成長

各教科等の「見方・考え方」を生かしたり組み合わせたりして自在に働かせるようになる

各教科等の学びの中で鍛えられた「見方・考え方」を働かせながら、世の中の様々な物事を理解し、思考し、よりよい社会や自らの人生を創り出していく

人生における「生き方」へ

　この図は、「見方・考え方」が各教科等の授業を通して鍛えられ、それが子供のものとなり成長していく過程をイメージしたものです。根拠は「中央教育審議会答申」（平成28年12月）に書かれている説明です。上記答申の資料として示されていた「中学校の見方・考え方のイメージ」を下記に示します。

各教科等の特質に応じた見方・考え方のイメージ

言葉による見方・考え方	自分の思いや考えを深めるため、対象と言葉、言葉と言葉の関係を、言葉の意味、働き、使い方等に着目して捉え、その関係性を問い直して意味付けること。
社会的事象の地理的な見方・考え方	社会的事象を、位置や空間的な広がりに着目して捉え、地域の環境条件や地域間の結び付きなどの地域という枠組みの中で、人間の営みと関連付けること。
社会的事象の歴史的な見方・考え方	社会的事象を、時期、推移などに着目して捉え、類似や差異などを明確にしたり、事象同士を因果関係などで関連付けたりすること。
現代社会の見方・考え方	社会的事象を、政治、法、経済などに関わる多様な視点（概念や理論など）に着目して捉え、よりよい社会の構築に向けて、課題解決のための選択・判断に資する概念や理論などと関連付けること。
数学的な見方・考え方	事象を、数量や図形及びそれらの関係などに着目して捉え、理論的、統合的・発展的に考えること。
理科の見方・考え方	自然の事物・現象を、質的・量的な関係や時間的・空間的な関係などの科学的な視点で捉え、比較したり、関係付けたりするなどの科学的に探究する方法を用い

	て考えること。
音楽的な見方・考え方	音楽に対する感性を働かせ、音や音楽を、音楽を形づくっている要素とその働きの視点で捉え、自己のイメージや感情、生活や社会、伝統や文化などと関連付けること。
造形的な見方・考え方	感性や想像力を働かせ、対象や事象を、造形的な視点で捉え、自分としての意味や価値をつくりだすこと。
体育の見方・考え方	運動やスポーツを、その価値や特性に着目して、楽しさや喜びとともに体力の向上に果たす役割の視点から捉え、自己の適正等に応じた『する・みる・支える・知る』の多様な関わり方と関連付けること。

　教師がこれらを各教科等の授業の中で「子供が働かせる」ようにすることで、子供の中で各教科等で養われた資質・能力とも結びつき、より豊かで確かな「見方・考え方」へと成長します。また、そうして成長した「見方・考え方」は教科等の枠を越えて、必要に応じて引き出されたり相互に結び付いたりして、生活の中で自在に使われるようになります。これが「見方・考え方が鍛えられる」イメージです。以下が答申の説明です。

○各教科等の特質に応じた物事を捉える視点や考え方が「見方・考え方」であり、各教科等の学習の中で働くだけではなく、大人になって生活していくに当たっても重要な働きをするものとなる。私たちが社会生活の中で、データを見ながら考えたりアイディアを言葉で表現したりする時には、学校教育を通じて身に付けた「数学的な見方・考え方」や、「言葉による見方・考え方」が働いている。各教科等の学びの中で鍛えられた「見方・考え方」を働かせながら、世の中の様々な物事を理解し思考しよりよい社会や自らの人生を創り出していると考えられる。

○「見方・考え方」を支えているのは、各教科等の学習において身に付けた資質・能力の三つの柱である。各教科等で身に付けた知識・技能を活用したり、思考力・判断力・表現力等や学びに向かう力・人間性等を発揮させたりして、学習の対象となる物事を捉え思考することにより、各教科等の特質に応じた物事を捉える視点や考え方も豊かで確かなものになっていく。物事を理解するために考えたり、具体的な課題について探究したりするに当たって、思考や探究に必要な道具や手段として資質・能力の三つの柱が活用・発揮され、その過程で鍛えられていくのが「見方・考え方」であるといえよう。

○「見方・考え方」には教科等ごとの特質があり、各教科等を学ぶ本質的な意義の中核をなすものとして、教科等の教育と社会をつなぐものである。子供たちが学習や人生において「見方・考え方」を自在に働かせられるようにすることにこそ、教員の専門性が発揮されることが求められる。

　これからの教育研究（研修）では、各教科等の「見方・考え方」を内容・教材に即して「〜に着目する」「〜を関連付ける」など、具体的な言葉に置き換えることが必要です。そうすれば、「その教科等でこそ重視すべき」学びのプロセスが見えてくるはずです。そのプロセスを子供が自分の力で進んでいけるように、学習課題（問い）や学習活動、教材など授業づくりを工夫していくことが教師の役割です。

17 社会科における見方・考え方

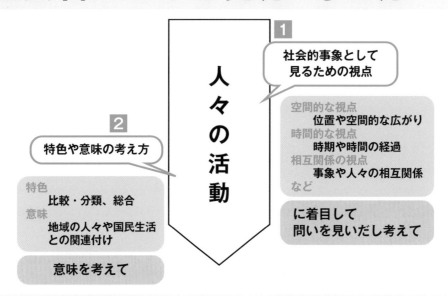

この図は、社会科を例にしながら、見方・考え方が各教科等の特質に応じた学び方（学びのプロセス）をガイドしていることを説明するものです。

小学校社会科における見方・考え方は「社会的事象の見方・考え方」と称して、次のように説明されています。

> 位置や空間的な広がり、時期や時間の経過、事象や人々の相互関係など（視点）に着目して社会的事象を捉え、比較・分類したり総合したり、地域の人々や国民の生活と関連付けたりすること（考え方）
>
> ※括弧内は筆者が加筆

以下、「視点」と「考え方」に分けて説明します。

1 社会的事象として見るための視点

社会科で学ぶ対象の多くは「人々の活動」です。「人間の営みや働き」と言うこともあります。自然の事物・現象ではなく、人間が関与した事象であることから社会的事象というわけです。この「社会的事象」という言葉は、社会科特有のものですが、人々の活動を学ぶ教科等は社会科だけではありません。国語科や道徳でも人物が登場するし、総合的な学習の時間でも取り上げることがあります。特別活動においても自分たちを含めた集団の活動の在り方を考えたりするでしょう。

そうであるからこそ、考えたいことがあります。それは「人々の活動をどのように学べば社会科としての学習になるのか」ということです。そこで、この「どのように学べば」という言葉を「何に着目して、どんな問いを見いだして調べたり考えたりすれば」に置き換えてみたいと思います。「位置や空間的な広がり、時期や時間の経過、事象や人々の相互関係など（視点）に着目して社会的事象を捉え」の部分です。

ここでは、第４学年の社会科の内容にある「地域の発展に尽くした先人の働き」を基にしながら考えたいと思います。これは、私がよく挙げる例です。

地域のために私財をなげうって農業用水を開削したＡさんが教材です。このＡさんについて、例えば「どのような生き方をしたのだろう」と問えば、道徳の授業（郷土愛、地域貢献など）とし

て成立するでしょう。「Ａさんの残した言葉はどんな意味だったのだろう」と問うのであれば国語科の授業になるかもしれません。「Ａさんの残した用水を、これから地域のためにどのように生かせばよいだろう」という問いであれば、総合的な学習の時間の学習活動につなげられるかもしれません。では、社会科はどうか。

社会科では、まず「なぜ、Ａさんは農業用水開削の必要性を感じたのか」という問い（切り口）から、当時の地域の地理的な環境を調べます。加えて、「どんな人々と協力したか」「どの地域（高低差）を通したか」「どんな作業でどれくらいの時間がかかったか」などの問いによって具体的な事実に目を向けさせ、人々の協力関係や作業工程、作業時間などを調べていきます。これが、「位置や空間的な広がり、時期や時間の経過、事象や人々の相互関係など（視点）に着目して社会的事象を捉える」ための追究活動になります。

2 特色や意味の考え方（方法）

次に、調べて捉えたことを基に、「どのように考えれば社会科の学習になるか」という点について説明します。

社会科では、社会的事象の「特色」や「意味」などを考えることを大切にしています。「特色」とは、他の事象等と比較・分類したり総合したりすることで捉えることのできる社会的事象の特徴や傾向、そこから見いだすことのできるよさなどです。これに対して、「意味」とは、社会的事象の仕組みや働きなどを地域の人々や国民の生活と関連付けることで捉えることができる社会の働き、国民にとっての役割などです。社会的事象の「意味」を先の用水開削の例で考えれば、「地域の人々にとっての意味（どのように役立ったか）」になります。したがって、用水が通ったことで、地域の人々の生活や産業がどのように変わったかを考えればよいわけです。

右の図は、第５学年の「自動車生産の盛んな地域」の例です。学習指導要領や解説によると、着目する「視点」（学習で活用する概念と言ってもよいでしょう）については、「製造の工程」（事実に着目）、「向上相互の協力関係」（広がりや協力に着目）、「優れた技術」（過去からの発展経過、未来に向けた開発などに着目）が示されています。また「考え方」については、「消費者ニーズや社会の変化と関連付ける」ことが示されています。

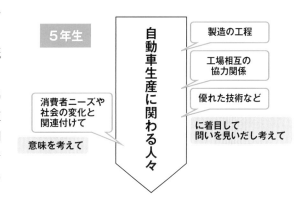

社会科の授業で時折見られる課題に、「事例そのものが学習内容になってしまっている」ことが挙げられます。例えば、「○○自動車工場の仕事を事例にして日本の工業生産の特色を学ぶ」はずだったのが、「○○自動車工場の仕事を事例にして○○自動車工場のことを詳しく学んで終わり」となってしまうのが典型例です。

社会科における「見方・考え方」は、「事例や教材」の理解に終わりがちな学習を、「社会」の学習として成立させるための視野の拡大や適切な考察を促すものです。このように「見方・考え方」は、その教科等らしい学び方の「ルート・ガイド」の役割を果たしていると言えるでしょう。

また、「視点」に着目して学ぶ実際の授業では、その内容に応じてさらに「生産効率」「情報活用」「技術革新」などといった新たな「視点」（活用できる概念）を獲得することができます。それらがまた「社会的事象の見方・考え方」になることで、スパイラルに学びが充実していくのです。

カリマネ

学習指導要領での位置付け

教科等横断的な視点

PDCAの視野

「地域との連携」と「チーム学校」

防災安全教育

18 カリマネ 学習指導要領での位置付け

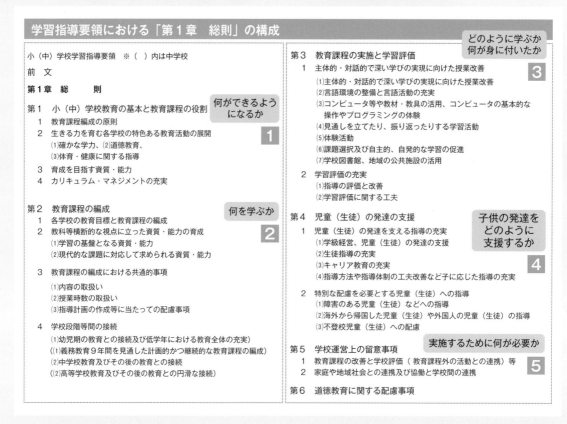

この図は、学習指導要領が改訂された際に、文部科学省が説明会等で使っていた資料です。「小（中）学校学習指導要領」の「総則」は、カリキュラム・マネジメントを踏まえて構成されていることが分かります。

カリキュラム・マネジメントの基本は「P・プラン（計画）」→「D・ドゥー（行動・実践）→「C・チェック（「評価・分析）→「A・アクション（改善）」であると言われています。

これに加えて示された右の図を見てみると、カリキュラム・マネジメントは、PDCAだけでは説明できないことが分かります。

特に大切になるのがPでしょう。「総則」と「各教科等」をつなげて見てみ

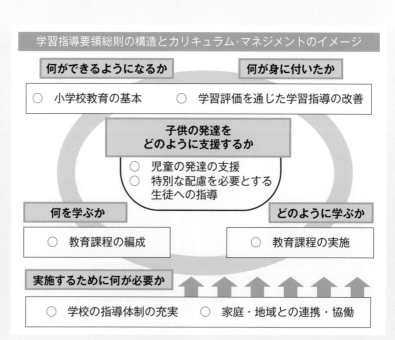

ると、Pは、■1「何ができるようになるか」（目標：育成を目指す資質・能力）、■2「何を学ぶか」（内容）、■3「どのように学ぶか」（「見方・考え方を働かせ」「主体的・対話的で深い学び」など）、■4「子供の発達をどう支援するか」（学級経営、特別支援など）、■5「どんな条件が必要か」（組織的指導体制、地域との連携等）と、視野広く示されていることが分かります（「何が身に付いたか」（学習評価）を含めて、本書p. 6では6つの視点としています）。

「小（中）学校学習指導要領」の「総則」において注目すべきは、カリキュラム・マネジメントの目的が「各学校の教育活動の質の向上を図っていくこと」であることが明示されたことです。

中央教育審議会の議論の中で「カリキュラム・マネジメントは年度末に管理職が行うものと捉えられている傾向がある」という指摘がありました。いわゆる学校評価に基づく次年度計画の作成のことでしょう。

これに対して、「総則」は、計画の作成を目的とするのではなく、最終的な目的は「全教職員の参加によって教育活動の質の向上を図っていくこと」であると示したのです。すなわち、「どうすれば学校の教育目標の実現に向けて教育活動の質が向上するのか」を全教職員で考えていくことを重視しているわけです。

これは、各学校の教育目標がどのような子供を育てようと意図したものになっているか、そのためにどのような教育活動が重要であるかを、改めて教職員一丸となって考える必要があることを意味しているのです。

ここで少し立ち止まって考えてみたいと思います。各学校には「教育目標」があります。その多くは「よく考える子」「思いやりのある子」「健康な子」など、知・徳・体を簡潔な表現で表したものが多いと思います。一方、新学習指導要領の下、各教科等の目標は「知識及び技能」「思考力、判断力、表現力等」「学びに向かう力、人間性等」の三つの柱に整理されています。

各学校の教育目標は、その学校の歴史や伝統に彩られた重みのある言葉で、教育目標を変更するということは現実的にはたやすくないでしょう。ですから現実的には、各学校の教育目標とは別に「本校で育成を目指す資質・能力」を三つの柱に沿って描き出すことが必要なのだと思います。

その際、参考になるのが、中央教育審議会答申（平成29年12月）で説明されてた次の三つの姿です。

(1)　発達の段階に応じた生活の範囲や領域に関わる物事について理解し、生活や学習に必要な技能を身に付けるようにする。

(2)　情報を捉えて多角的に精査したり、問題を見いだして他者と協働しながら解決したり、自分の考えを形成し伝え合ったり、思いや考えを基に創造したりするために必要な思考力、判断力、表現力等を育成する。

(3)　伝統や文化に立脚した広い視野を持ち、感性を豊かに働かせながら、よりよい社会や人生の在り方について考え、学んだことを主体的に生かしながら、多様な人々と協働して新たな価値を創造していこうする学びに向かう力や人間性等を涵養する。

「何を学ぶか」「どのように学ぶか」の骨格になりそうな言葉が並んでいます。ただ、このまま使える文言ではないので、方向性を見極めたり要素をピック・アップしたりする意味で参考にするとよいでしょう。

教科等横断的な視点

カリキュラム・マネジメント 「教科等横断的な視点」

国語	社会	算数数学	理科	生活	音楽	図画工作美術	家庭技術家庭	体育保健体育	外国語活動外国語	道徳科	総合的な学習の時間	特別活動

〔中央教育審議会答申〕

㋐ 各教科等の教育内容を相互の関係で捉え、学校の教育目標を踏まえた教科横断的な視点で、その目標の達成に必要な教育の内容を組織的に配列していく。

〔学習指導要領 総則〕

◎教育の目的や目標の実現に必要な教育の内容等を教科等横断的な視点で組み立てていくこと

○言語能力、情報活用能力（情報モラルを含む。）、問題発見・解決能力等の学習の基盤となる資質・能力を育成していくこと

○豊かな人生の実現や災害等を乗り越えて次代の社会を形成することに向けた現代的な諸課題に対応して求められる資質・能力を、教科等横断的な視点で育成していくこと

　この図は、カリキュラム・マネジメントの一つの側面である「教科等横断的な視点」においては、「資質・能力」に着目することが大切であることを示したものです。

　カリキュラム・マネジメントについては、中央教育審議会答申（平成29年12月）で次のように示されました（上の図中を含め、以下の下線は筆者）。

ア　各教科等の教育内容を相互の関係で捉え、学校の教育目標を踏まえた教科横断的な視点で、その目標の達成に必要な教育の内容を組織的に配列していく。

イ　教育内容の質の向上に向けて、子供たちの姿や地域の現状等に関する調査や各種データ等に基づき、教育課程を編成し、実施し、評価して改善を図る一連のPDCAサイクルを確立する。

ウ　教育内容と、教育活動に必要な人的・物的資源等を、地域等の外部の資源も含めて活用しながら効果的に組み合わせる。

これを受けて、「小（中）学校学習指導要領　総則」では次のように示されました。

　各学校においては、児童（生徒）や学校、地域の実態を適切に把握し、教育の目的や目標の実現に必要な教育の内容等を教科等横断的な視点で組み立てていくこと、教育課程の実施状況を評価してその改善を図っていくこと、教育課程の実施に必要な人的または物的な体制を確保するとともにその改善を図っていくことなどを通して、教育課程に基づき組織的かつ計画的に各学校の教育活動の質の向上を図っていくこと（以下「カリキュラム・マネジメント」という。）に努めるものとする。　　　　　　　　「第1　小（中）学校教育の基本と教育課程の役割」より

> (1) 各学校のおいては、児童（生徒）の発達の段階を考慮し、<u>言語能力、情報活用能（情報モラルを含む。）、問題発見・解決能力等の学習の基盤となる資質・能力</u>を育成していくことができるよう、各教科等の特質を生かし、教科等横断的な視点から教育課程の編成を図るものとする。
>
> (2) 各学校においては、児童（生徒）や学校、地域の実態及び児童（生徒）の発達の段階を考慮し、<u>豊かな人生の実現や災害等を乗り越えて次代の社会を形成することに向けた現代的な諸課題に対応して求められる資質・能力</u>を、教科等横断的な視点で育成していくことができるよう、各学校の特色を生かした教育課程の編成を図るものとする。
>
> 「第2　教育課程の編成」より

　「教科等横断的」というと、まず「〇〇教育」（国際理解、環境、福祉、キャリアなど）を行うための視点だという捉えがあります。加えて、複数の教科等で相互に関連しそうな内容をピックアップし、実施時期を近付けたり、共通の教材を活用したりするなどの視点も考えられます。これらは、いずれも必要なマネジメントです。

　ただ、ここで注目したいことはほかにあります。それは、「資質・能力」育成ベースのカリマネです。「小（中）学校学習指導要領」の大きな特徴は、各教科等で育成を目指す資質・能力が三つの柱に整理されたことです。それによって、各教科等ごとに定められた資質・能力を各柱ごとに比べたりつなげたりしやすくなりました。つまり、国語科の思考力、判断力、表現力と、理科や社会科のそれとをつなげたり役割分担したりして、「〇〇教育」（あるいは、学校としての重点目標）で目指す資質・能力を設計できるようになったということです。

　右の図で言えば、「問題発見・解決能力」の要素を各教科等の資質・能力から抽出したり（例1）、「環境教育」の目標を総合的な学習の時間の目標をベースに考え、各教科等の目標をそこにつなげたり（例2）することができるということです。すなわち、「資質・能力の教科等横断」です。

　各教科等の内容を複雑に結び付けるよりも、この三つの柱を踏まえて資質・能力を相互に結び付けて捉えるようにするほうが、マネジメントしやすくなるのではないでしょうか。これが、「小（中）学校学習指導要領」の趣旨でもあるのです。

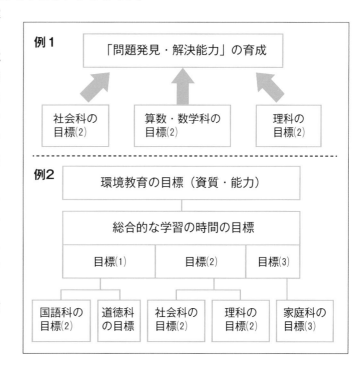

049

20 PDCAの視野

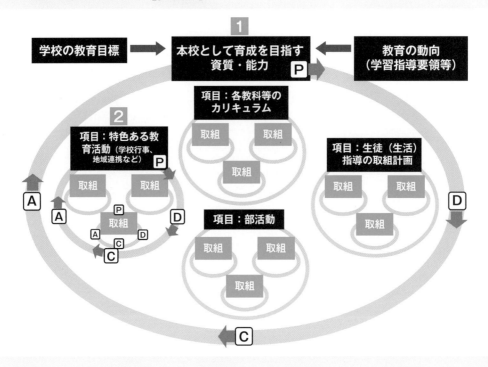

　これは、カリキュラム・マネジメントにおける「PDCA」を回すサイクルの大きさをイメージしたものです。各要素は、あくまでも主な対象例で、全てを網羅しているわけではありません。

　さて、現在、各学校はどのサイクルでPDCAを回しているでしょうか。

1 学校の教育目標の実現を視野に行うマネジメント

　図中の１は、一番大きなサイクルのPDCAです。「本校の子供たちにはどのような資質・能力の育成が求められるか」「どんな子供に育てていくべきか」を指標にしたカリキュラム・マネジメントです。いわば最大規模のPDCAだと言えます。各学校の教育目標は、伝統的に「知」「徳」「体」をベースにしていますが、この図では、三つの柱を踏まえ、教育目標とは別に作成する「本校として育成を目指し資質・能力」をベースにしています。

　これに対して、各学校では小さなサイクルで回している印象があります。実を言うと、**小さなサイクルでは、やることばかりが増え、本校の子供たちに本当に必要かという視点が抜け落ちるの**です。「はじめに〇〇活動ありき」という固定観念、「去年も実施したから」という前例踏襲のルーティンから抜け出せないからです。それでは、学校はやる（やったらよいと考えられる）ことばかりがふくれあがり、多忙さに拍車をかけてしまうでしょう。

　「小（中）学校学習指導要領」の趣旨は、「資質・能力」に目を向けて教育活動を行うことです。ですから、今こそ、本校として目指す資質・能力（子供たちの姿）を基に、「これは本当に必要か」「今何をすべきか」といった視点（大きなサイクル）でPDCAを回すチャンスだと思います。

2 項目ごとの改善を視野に行うマネジメント

　図中の２は、「特色ある教育活動」「生徒（生活）指導」など、対象とする「項目」レベルで表したもので、いわば中規模のPDCAです。この規模であっても、はじめから「重箱の隅をつつくよう

な」視点に陥らないようにするため、下の図のような「プログラム評価の考え方」が必要です。一つ一つの項目はいくつかの取組で構成されており、それを「プログラム」と称しています。

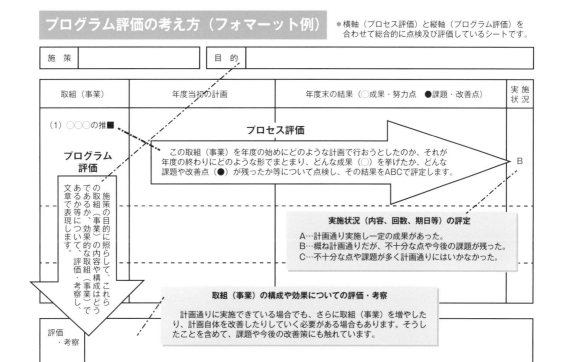

プログラム評価の考え方（フォマート例） ＊横軸（プロセス評価）と縦軸（プログラム評価）を合わせて総合的に点検及び評価しているシートです。

施　策		目　的	

取組（事業）	年度当初の計画	年度末の結果（○成果・努力点　●課題・改善点）	実施状況

（1）○○○の推■

プログラム評価
施策の目的に照らして、これらの取組（事業）の内容や構成はどうであるか、効果的な取組（事業）であるか等について、評価・考察し、で文章で表現します。

プロセス評価
この取組（事業）を年度の始めにどのような計画で行おうとしたのか、それが年度の終わりにどのような形でまとまり、どんな成果（○）を挙げたか、どんな課題や改善点（●）が残ったか等について点検し、その結果をABCで評定します。

実施状況（内容、回数、期日等）の評定
A…計画通り実施し一定の成果があった。
B…概ね計画通りだが、不十分な点や今後の課題が残った。
C…不十分な点や課題が多く計画通りにはいかなかった。

取組（事業）の構成や効果についての評価・考察
計画通りに実施できている場合でも、さらに取組（事業）を増やしたり、計画自体を改善したりしていく必要がある場合もあります。そうしたことを含めて、課題や今後の改善策にも触れています。

評価・考察

一つ一つの取組の成果を見るのは横軸で、「どのような計画でどのように取り組み、どのような成果を挙げたか」という「プロセス評価」です。これは、その取組に参加した関係者や外部の協力などで具体的に行われるべきです。

加えて、忘れてはいけないのは縦軸の「プログラム評価」です。ある目的を達成するために、いくつかの取組でその項目がプログラムされているという考え方です。目的をコロコロと変えるわけにはいきませんが、プログラムは段取りなので変更可能です。このように巨視的に見て、いかに「その取組はじめにありき」としないようにするかを考えることが大切です。

各教科等のカリキュラム・マネジメントについてはその教科等の年間単元配列などを見直すことが大切ですが、その前に右の図のように単元等の「内容のまとまり」で行うのが実際的でしょう。これを行わなければ、各教科等の年間指導計画等のマネジメントの材料がないことになってしまうからです。

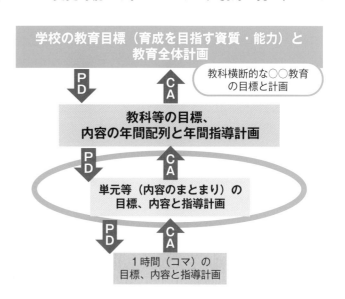

学校の教育目標（育成を目指す資質・能力）と教育全体計画

教科横断的な○○教育の目標と計画

教科等の目標、内容の年間配列と年間指導計画

単元等（内容のまとまり）の目標、内容と指導計画

１時間（コマ）の目標、内容と指導計画

21 「地域との連携」と「チーム学校」

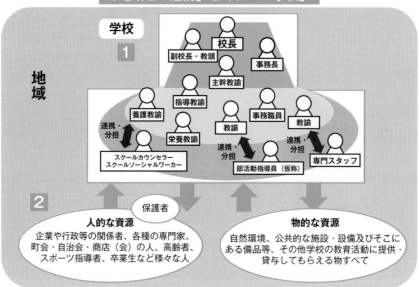

図は、中央教育審議会「チームとしての学校の在り方と今後の改善方策について（答申）」（平成27年12月21日）に示された「チームとしての学校」像（イメージ図）に筆者が「地域との連携」の視点を加えたものです。

各学校は、これまでも「地域に開かれた学校」を目指し、教育活動を公開する、地域の協力者を招く、地域行事に参加する、地域からの外部評価を受けるなど、地域との連携を進めてきたことで、地域の多様な力を借りながら特色ある教育活動を進めることができるようになりました。カリキュラム・マネジメントでは、今後ともそうした取組についてPDCAを回しながら「教育活動の質の向上」を図ることが求められています。

その一方で、このような地域との連携には、当然ながら打ち合わせ等が必要であり、個々の教員が行うにしても、渉外担当者を置くにしても負担感は否めません。地域との連携を進めれば進めるほど学校が忙しくなるという構図です。

1 「チーム学校」の示す方向

そうした課題を解決すべく、これから構築していく方向として、文部科学省から提起されたのが「チーム学校」です。この言葉は、先生方が一丸となって研究発表会を行うときにも使われますが、趣旨はもっと広いものです。そこには、これまでの学校の組織としての在り方や、学校の組織文化に基づく業務の在り方などの見直しも含まれています。

答申では、「チームとしての学校」像を次のように説明しています。

校長のリーダーシップの下、カリキュラム、日々の教育活動、学校の資源が一体的にマネジメントされ、教職員や学校内の多様な人材が、それぞれの専門性を生かして能力を発揮し、子供たちに必要な資質・能力を確実に身に付けさせることができる学校

また、これを実現するために次の三つの視点を挙げています。

ア　専門性に基づくチーム体制の構築

　教員が担っている業務を見直し、これからの学校に必要な職員、専門能力スタッフ等の配置を進めるとともに、教員が授業等の専門性を高めることができる体制や、専門能力スタッフ等が自らの専門性を発揮できるような連携、分担の体制を整備する。

イ　学校のマネジメント機能の強化

　教職員や専門能力スタッフ等の多職種で組織される学校がチームとして機能するよう、管理職のリーダーシップや学校のマネジメントの在り方等について検討を行い、校長がリーダーシップを発揮できるような体制の整備や、学校内の分掌や委員会等の活動を調整して、学校の教育目標の下に学校全体を動かしていく機能の強化等を進める。

ウ　教職員一人一人が力を発揮できる環境の整備

　教職員や専門能力スタッフ等の多職種で組織される学校において、教職員一人一人が力を発揮し、更に伸ばしていけるよう、学校の組織文化も含めて、見直しを検討し、人材育成や業務改善等の取組を進める。

　これらの視点で進めるに当たってのポイントについて、答申の説明を基にまとめると次のとおりです。

[情報の共有] それぞれの職務内容、権限と責任を明確化し、関係者間で十分なコミュニケーションを取り、目的や立場、方策などを情報共有すること。

[チーム研修] 養護教諭や栄養教諭、スクールカウンセラー、看護師等などの少数職種が孤立しないよう、チーム学校の一員として受け入れること。その際、そうした人材に対し学校の仕組みや教員の文化等に関する研修等を含めた支援を行うこと。

[事務職員の職務見直し] 学校の管理業務が拡大していることから、校長や副校長・教頭を総務・財務面で補佐する事務職員の重要性が増しており、その職務の在り方等を見直し、学校の事務機能を強化すること。

[各教員の力の発揮] 「学び続ける教員像」を目指し、意欲をもって、一人一人の教員が能力を発揮できるよう、優れた実践を顕彰したり業務の内容や進め方を見直したり、メンタルヘルス対策等に取り組んだりして、教員がもてる力を発揮できるようにすること。

[学校、家庭、地域の連携・協働] 若手の教職員が増加していることを踏まえて、PTA などの活動を通じて保護者の様々な協力を得ながら、学校、家庭、地域の連携・協働を進めること。

[青少年団体やスポーツ団体、経済団体、福祉団体などと連携・協働] （説明は略）

　チームですから、それぞれに役割を自覚し、互いを尊重し合うなど、小さなことからはじめ、事例としてみんなで学び、変更・修正しながら進んでいくという姿勢も大切だと思います。

② 相互のメリットを

　地域との連携・協力などと言っても、片方（学校）だけがメリットを享受する関係では、長く続きません。「win win」の関係を築くことが「持続する連携」のために必要です。例えば、子供たちが地域の商店街の取組に参画したり、地域の環境を整備する活動に参加したりする活動もその一つです。高齢者が教育活動に参加することが高齢者にとっての「生きがい」になるという視点も大切です。いずれにしても、学校の都合だけで「地域との連携」「地域に開かれた」などと考えないことです。左頁の図は「地域の中に存在し」「地域の中で生かされている学校」というイメージで作成しています。

22 防災安全教育

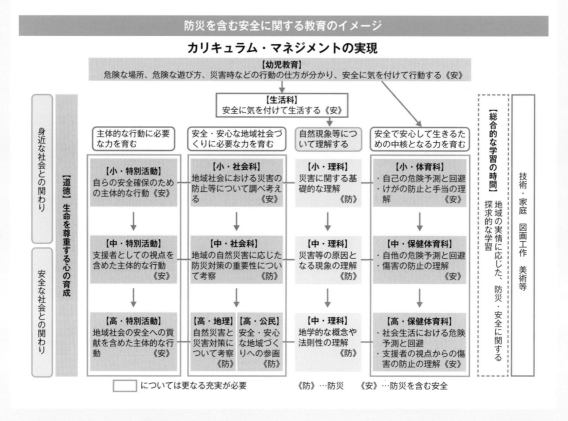

この図は、中央教育審議会教育課程部会総則・評価部会（平成28年1月）において配布された資料に掲載されたものです。

教育振興基本計画（平成25年6月閣議決定）において、防災に関する教育の充実を図ることが示されました。具体的には、学校における体系的な防災教育に関する指導内容の整理、防災教育のための指導時間の確保などです。

この図も、教科等横断の視点でカリキュラム・マネジメントを進める際の資料として参考になります。図から分かることは、「○○教育」の目標（三つの資質・能力の柱）を考える際には教科等の特質を踏まえることを重視しているということです。

1 防災安全教育における重点教科等を見いだす

まず、防災安全教育に深く関与する重点教科等を見いだします。すべての教科等が関与すると言えばそれまでですが、「深く関与」「重点」と考えると、その教科等の目標（資質・能力の三つの柱）に照らして考える必要があります。特に「知識・技能」については目標だけではなく「内容」が関与する教科等を見いだすことも大切です。

2 重点教科等を三つの資質・能力で整理する

上の図では、三つに整理しているわけではありませんが、次のように整理していると捉えることができます。

■ 主体的な行動に必要な力…「特別活動」…「主体的に学習に取り組む態度」

■ 安全・安心な地域社会づくりに必要な力…「社会科」…「思考力、判断力、表現力」
■ 自然現象等についての理解…「理科」…「知識及び技能」
■ 安全で安心して生きるための力…「体育科／保健体育科」…「知識及び技能」

　これらの教科等を、「総合的な学習の時間」の目標（三つの資質・能力）が束ねるという形で構想することもできます。

③ 重点教科等以外との関連を考える

　「こういう内容・教材を扱えば関連する」（例えば、国語、技術・家庭、図画工作・美術など）、「内容や活動の全般が広く関与している」（道徳）などと、広い視野で関連を考えれば、小学校はもとより、中学校でも全教員で参加するカリキュラムとなり得ます。

　その他の教科等横断的な視点でのカリキュラム・マネジメントについては、「小（中）学校学習指導要領解説　総則編」に示されている以下が参考になります（言語能力の例）。

カリマネ

> ○言語能力を構成する資質・能力
> ・知識・技能…言葉の働きや役割に関する理解、言葉の特徴やきまりに関する理解と使い分け、言葉の使い方に関する理解と使い分け、言語文化に関する理解、既有知識（教科に関する知識、一般常識、社会的規範等）に関する理解
> ・思考力・判断力・表現力等…テクスト（情報）を理解したり、文章や発話により表現したりするための力として、情報を多面的・多角的に精査し構造化する力、言葉によって感じたり想像したりする力、感情や想像を言葉にする力、言葉を通じて伝え合う力、構成・表現形式を評価する力、考えを形成し深める力
> ・学びに向かう力・人間性等…言葉を通じて、社会や文化を創造しようとする態度、自分のものの見方や考え方を広げ深めようとする態度、集団としての考えを発展・深化させようとする態度、心を豊かにしようとする態度、自己や他者を尊重しようとする態度、自分の感情をコントロールして学びに向かう態度、言語文化の担い手としての自覚

　また、「小（中）学校学習指導要領解説　総則編」の巻末には、「現代的な諸課題に関する教科等横断的な教育内容」が小・中学校別に例示されています。

> ○伝統や文化に関する教育
> 　（小学校：国語科、社会科、音楽科、図画工作科、家庭科、外国語科、外国語活動）
> 　（中学校：社会科、技術・家庭科、保健体育科、音楽科、美術科、外国語科、道徳科、総合的な学習の時間、特別活動）　　　　　　　　　*以後、教科等名は紙幅の関係で略
> ○主権者に関する教育
> ○消費者に関する教育　　　　　○放射線に関する教育
> ○法に関する教育　　　　　　　○生命の尊重に関する教育
> ○知的財産に関する教育　　　　○心身の健康の保持増進に関する教育
> ○郷土や地域に関する教育　　　○食に関する教育
> ○海洋に関する教育　　　　　　○防災を含む安全に関する教育
> ○環境に関する教育

授業改善

授業の考え方

課題（問題）解決型

ゴールから考える

1時間（コマ）の授業

授業の考え方

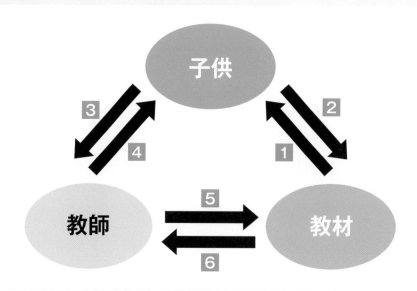

　昔から授業は、子供と教師と教材の三角形で成り立っていると言われます。この図は、そのことを表したものです。相互に矢印で結ぶと、六つの矢印が描けます。この矢印一つ一つの意味を考えてみると、授業づくりのポイントが見えてきます。

1 子供にとっての教材の価値

　1は「教材から子供へ」の矢印です。これは、その教材は子供たちにとってどんな価値があるかということです。「教材」という言葉は、主たる教材としての教科用図書のほか、副読本や資料、その他の具体物や地域などの人材、授業の中で主として使う教具など、授業で扱われる様々なものを指す言葉として使われます。ここでは「学習者である子供と学習内容を結び付けるための材料」とします。

　教材研究というと、教師が子供にその教科等の内容を学問として教え授けるための材料だと考えがちです。そうした側面は確かにあるのですが、忘れてはいけないのは子供たちにとってどうかということです。教材自体が子供に与える影響、子供にとっての学習上の価値といったほうがよいかもしれません。

2 子供の興味・関心

　2はその教材に対して子供たちが示す興味・関心です。興味・関心を示さない場合もありますから、子供たちがその教材に示す反応といってもよいでしょう。教材は教師の「都合」だけで選定したり作成したりしても、子供たちはそこから教師の意図どおりには学んでくれないことが考えられます。一方で、子供たちに人気があるからと、ただ流行の素材を取り上げても、その教科等の学びにふさわしくなかったり目標の実現が図られなかったりします。ですから、教材を考える際には1と2の矢印を行ったり来たりして考える必要があります。

3 教師への子供の信頼感等

　3は「子供から教師へ」の矢印です。これは、子供たちが教師の指導をどのように受け止めてい

るかというベクトルです。教師を信頼しているかと捉えてもよいと思います。本来、教育は「関係が教育する」と言われるくらい、教師と子供との関係が重要です。この先生の話を聞きたい、この先生から教わりたいと思えなければ、子供はそもそも学習に意欲を示しません。

しかし、教師への子供の信頼感は、美的な外見や若さ、おもしろさだけでは育まれません。（p.108の学級経営の項で詳しく述べますが）教師が日常的に子供たちにどのように接し、子供たちが教師から受ける教育にどの程度満足しているかが問われます。このベクトルは、授業の成立・不成立に大きく関与しています。

4 教師の指導と評価

4は「教師から子供へ」の矢印です。これは、教師が子供たちの実態や学習状況をどう捉えてどのように指導するかというベクトルです。子供たちをよく見て、一人ひとりを生かしながら指導したり、子供のよさを認めながら適切に評価したりしているかと捉えるとよいでしょう。授業を成立させる最大の要件として、教師と子供の関係を挙げることができます。**4**を上記のように丁寧に行うことで、**3**の信頼感が育まれるのだと思います。

5 教材研究

5は「教師から教材へ」の矢印です。これは、教師はその教材をどのように解釈するか、調理するかというベクトルです。学習指導要領の内容にどう関連付けるか、どのような指導につなげるか（単元等の展開、本時の指導など）と捉えてもよいと思います。すなわち教材研究です。

冒頭に「教材は学習者である子供と学習内容を結び付けるための材料」と規定しましたが、教材研究では、その教材のもつ価値（教科等における価値）を見極めることともに、それをどのように子供に届けるかということを考えることも大切です。

例えば、いきなり実物として提示する、映像で構成し見せる、資料として加工して配布する、学習の場に置いておき子供が自ら選べるようにするなど、子供への届け方は様々です。そのことを含めて「教材研究」と考えれば、教師の一方的な論理で授業を進めることにならずに済みます。

6 教師にとっての教材の価値

6は「教材から教師へ」の矢印です。これは、あまり意識されていませんが、教師が教材から受ける影響は多くのものがあります。社会科であれば、自分で開発した教材が一生その教師に影響を与えることだってあります。おそらく、その教材固有の内容が影響を与えたというよりも、教材研究の経験そのものがその教師の視野を広げたり授業の奥深さを学ばせたりしたのだと思います。

私自身も、印象に残っている過去の教育実践がたくさんあり、そこから教師としての授業との向き合い方が変わったといっても過言ではありません。**「教材研究に没頭する」経験は、教師の人生を大きく変えるもの**だと思います。

教材の捉え方は、教科等の特質に応じて少々異なるかもしれません。しかし、授業をつくるための柱の一つであることには変わりがないと思います。教師の大切な仕事の一つとして「教材研究」を位置付けましょう。

24 課題（問題）解決型

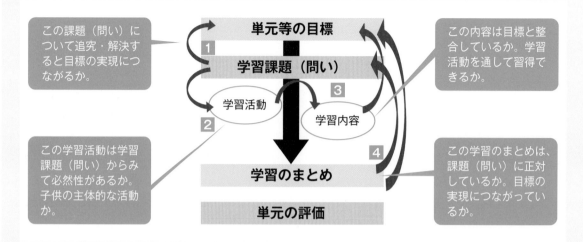

この課題（問い）について追究・解決すると目標の実現につながるか。

この内容は目標と整合しているか。学習活動を通して習得できるか。

この学習活動は学習課題（問い）からみて必然性があるか。子供の主体的な活動か。

この学習のまとめは、課題（問い）に正対しているか。目標の実現につながっているか。

単元等の目標

1

学習課題（問い）

学習活動　2　3　学習内容

4

学習のまとめ

単元の評価

　これは、単元等の授業構想について、特に課題（問題）解決型の授業を想定して描いたものです。特に注目したいのは、「目標」「学習課題」「学習のまとめ」の関係です。

　みなさんが指導案を見るとき、研究授業の「本時案」に目がいくものの、単元全体の構成にはなかなか向かないのではないでしょうか。しかし、これから重視すべきは、「単元等の授業改善」です。「主体的・対話的で深い学び」も、「単元や題材など内容や時間のまとまりを見通して」実現を目指すことが求められています。少々理屈っぽいですが、「木を見て森を見ず」とならないよう、単元全体のまとまりを考える習慣を身に付けましょう。

1 学習課題（問い）と目標の関係

　たくさんの指導案を見ていて気付くのは、単元等の学習課題（問い）と単元等の目標の関連が十分に意識されていないことが多いということです。課題（問題）解決型の単元を構想する場合、この点については留意が必要です。例えば、「～を考え～を理解できるようにする」という目標であれば、そのこと（考える・理解する）につながる学習課題（問い）であるかどうかを吟味することが大切です。単元等の学習を方向付けるような「単元等の学習課題（問い）」の必要性です。

　ただし、単元等の目標は、三つの資質・能力の柱「知識及び技能」「思考力、判断力、表現力等」「学びに向かう力・人間性等」を踏まえ、それらを織り交ぜながら描かれることが想定されるので、「単元等の」学習課題（問い）とはいっても、例えば、まずは「～を考え」に向かう、まずは「～を理解する」に向かうなど、三つの柱のうちのどれかに焦点化するのでもかまいません。

　その場合にも、単元等の学習展開中の毎時間の学習課題（問い）や活動を通して、最終的にどのように単元等の目標を全て実現するかを設計する必要があります。例えば、社会科で「①物事を調べて、②知識を獲得して、③その意味を考えて、④社会の仕組みを理解し、⑤社会と自分との関わりに関心を高める」といった学習展開を想定する場合、「～を調べよう」は①②までを、「どのように～してるのか」「なぜ～だろう」は③④までを、「～をどうすべきだろう」「～を提案しよう」は⑤までを考える学習課題（問い）と大きく分けて捉えることができます。

　①②までの学習課題（問い）で単元等の学習をスタートする場合には、単元等の学習展開中の毎時間の学習課題（問い）や活動を通して、③④⑤を目指せばよいわけです。このように、単元展開のどこでどのような学習課題（問い）を設定するかは工夫次第ですが、いずれにしても単元等の目

標を実現するような学習課題（問い）の設計が必要です。

② 学習課題（問い）と学習活動の関係

学習課題（問い）と学習活動の関係を考えることは、主体的・対話的な学びにとっても重要です。その学習活動には学習展開上の必然性があるか、子供が見通しをもち、その気になっているかを考えることになるからです。

教師の都合で唐突に「〜しよう」「〜しなさい」などと学習活動が指定される場面も見られます。学習課題（問い）が「〜しよう」などと学習活動を促す形式の場合には当然に学習活動をすることにつながるわけですが、その場合にも「なぜ〜するのか」（前提）、「具体的にはどうやって〜するのか」（方法）について、子供が具体的な問いや予想をもつことが大切です。そうでなければ、教師が示した学習活動は届いても学習課題は子供に届きません。

十分に考えるべきは、子供が学習課題（問い）をしっかりとつかんで、その解決に向けて追究する意欲が高まるように意図されているかどうかということです。追究する意欲が高まらないと、「主体的」も「対話的」も形だけになってしまうでしょう。

③ 学習内容と学習活動、目標の関係

学習内容は、教師が一方的に教え込んでも、子供の身に付くものではありません。上記のように学習課題（問い）をつかんで、その解決に向けて追究する過程や結果で身に付くものです。だから「習得」というのでしょう。

特に、三つの資質・能力の柱に沿った目標のうち「知識及び技能」に関する目標については、「習得」と深い関係にあります。知識は学習活動を通して「理解する」という頭の働きを通して身に付くものですし、技能は学習活動を通して（繰り返し）「使う」ことで身に付き、習熟していくものだからです。

このように、学習内容と学習活動は密接な関連があります。したがって、どんな学習活動を行うとどんな学習内容が子供に身に付くかを考えることが大切です。また、「どのような知識及び技能を身に付けさせたいか」と目標から学習内容を定めて、この学習活動で身に付くのかと確かめてみることも大切です。

④ 学習のまとめと学習課題、目標の関係

単元などの学習展開では「学習のまとめ」を考えておくことが大切です。教科等によって「まとめ」の形は異なるかもしれませんが、単元等の学習課題（問い）があって学習のまとめがないと、「これまで（〇時間かけて）何を学んできたのか」を自覚するチャンスを子供たちから奪うことになるからです。そのため、学習のまとめも併せて単元等を構想しておくことが大切です。

その際、学習課題（問い）に正対しているかどうかを確かめましょう。いわばQ＆Aの関係です。先ほどの社会科の例で言えば、学習課題（問い）が「調べよう」なら調べた結果を、「なぜだろう」なら仕組みや意味を踏まえ、「どうすべきだろう」なら自分の考えを中心にして、それぞれまとめることになります。

学習のまとめは、子供たちの表現で行われることが望まれます。その表現の多くが単元等の目標を実現している状況と考えられるため、その実現状況を評価するには子供の表現内容が評価資料（材料）として必要だからです。

ゴールから考える

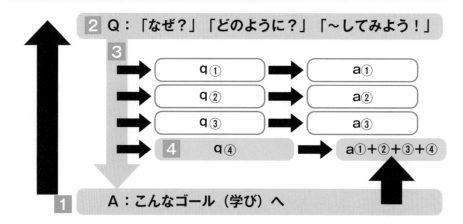

これも単元等の授業構想を表した図ですが、その構想手順について、より踏み込んだ構造になっています。単元の指導計画を実際につくる際にこうしたらよいのではないかという提案を含む図です。

1 ゴールから考える

まず単元等全体の学びのゴールをどのようにイメージするかを考えます。どんな言葉で理解したことを表現してほしいか、どんなことができるようになって、どんな思いをもって単元等を終えてほしいかなどです。単元等の目標と似ていますが、ここではあくまでも子供の現実的な姿、子供の具体的な表現を想定します。例えば、「○○は〜であることが分かった」「〜だと感じた。これからも私は〜していきたい」「〜ができるようなった。今後は〜家でも挑戦してみたい」などです。教科等の特質や単元等の時間数、内容などによってこの姿や表現は異なると思います。

2 単元等の学習の方向を描く学習課題(問い)を考える

単元等の学習課題（問い）を考える際にはあらかじめ考えたゴールを目指すようにします。この点は、単元等の目標との関係を考えながら単元等の学習課題（問い）を設計するという p.60 の趣旨と同様です。ここでは、学習課題（問い）を学習のゴールに向けた子供の「主体的な学習」につなげることについて少し付け加えたいと思います。

学習課題（問い）は、実は子供に届きにくいものです。特に、教師が自分の都合（論理）で一方的に提示した場合には届きません。

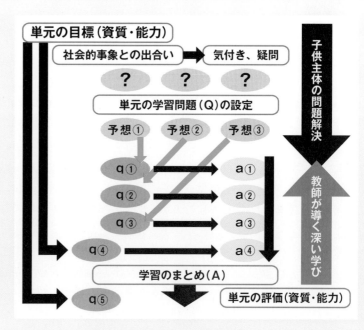

「届かない」とは、子供が十分に学習課題（問い）の意味や意図を理解していない、または頭では理解していても全然やる気になっていない状況のことです。

　そこで大切になるのが、学習課題（問い）について子供たちと話し合うことです。理解したかどうかを尋ねたり、予想を引き出したり、例を提示したりするなど、いろいろな話し合い方があると思いますが、それらがとても大切です。左頁の下の図は社会科の単元づくりの例ですが、以下のようにすることを示しています。

■ 第一次情報（社会的事象との出合い）から子供たちの気付きや疑問を十分に引き出す。
■ 疑問に対する子供たちの予想を生かしながら単元の学習問題（社会科では「学習問題」と言うことが多い）や学習計画をつくる。

　方法はいろいろあると思いますが、単元等の学習の方向を子供と一緒に描くことが大切です。

③ 子供たちが見通しをもって学ぶ学習展開を考える

　上記のように学習課題（問い）に関係する疑問や予想をもった子供たちは、その解決に向けた追究活動に真剣に向き合います。それが単元の「学習計画」につながります。

　学習計画は子供の考えだけでつくるものではなく、教師が意図をもって考えた指導計画に沿うことが前提ですが、教師が一方的に進め、子供が学習の見通しをもてないままだと、いつまでたっても子供たちの学びは主体的になりません。左頁の2つの図のように q（毎時の学習課題）①、q②、q③などとと計画し、子供たちの予想や見通しに近付けながら単元等の学習を進めることが大切です。子供たちにその計画を知らせる方法も効果的です。

④ 教師の意図的な指導で目標の実現に迫るよう考える

　その一方で、単元等の目標の実現は子供の見通し（疑問や予想）だけではいきません。単元等の目標には教科等の目標を踏まえた教師の意図が強く反映されているからです。それ自体を子供に感じ取らせることはなかなか難しいといえます。また、見通しを単元展開のどこまでもたせるのがよいかについては、教科等の特質もあることと思います。

　そこで、単元展開の後半や終末に必要になるのが、教師による意図的な課題（問い）の提示です。あらためて意味を考えさせたり、学習したことのまとめや考察を促したり、新しい問題に着目させて学んだことを活用させたりするといった課題（問い）です。左頁の2つの図のq④です。多くの単元等では、これが欠けると目標の実現が図られないように思います。

　ここで留意すべき点は、こうした単元等の後半や終末に提示される学習課題（問い）は、それまでの学習を振り返ったり総括したり（q④）、学習したことを活用したりできる学習課題（問い）（左頁下のq⑤）であるということです。すなわち単元等のまとめにつながる学習課題（問い）ということです。

　なかなか手強いかもしれませんが、どんな学習課題（問い）がよいのか、教科等の特質を踏まえて考えてみてください。単元等の目標には資質・能力の三つの柱（知識及び技能、思考力・判断力・表現力等、学びに向かう力・人間性等）がちりばめられています。その目標を実現するには子供たちの見通しという「単線」では難しいのです。いわゆる教科等ごとの「深い学び」は、教師の意図によって導くことが必要です。

　これらの図は、1時間（コマ）の研究授業などの見方にもつながります。授業のどこで教師が目標の実現に導く仕掛けを出してくるかと見るわけです。仕掛けは、発問、活動、資料、プリントなど様々です。教師が無意識にそうした仕掛けをしている場合もあります。

26 1時間(コマ)の授業

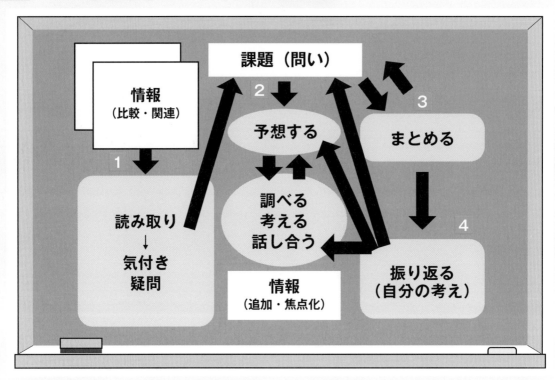

　この図は、1時間（コマ）の授業構想について、特に課題（問題）解決型の授業を想定して描いたものです。社会科の授業の流れを説明するときに使っていますので、やや社会科っぽいかもしれません。そもそもあまり板書しない教科等もあるので、「板書の配置」ではなく「授業の流れ」と受け止めてください。基本的な流れは、単元等の授業展開と共通します。

1 授業のはじめには「（新しい）情報」と出合う

　どんな教科等でも、授業のはじめ（導入）には、何らかの情報との出合いがあるでしょう。それが子供の「知らない新しい情報」であったり、「知っている情報」（これまで学習したことの振り返り）であったりすることはありますが、その情報について話し合うことで、興味・関心が湧いたり課題が見えたりします。あるいは気付いたことや疑問を発言したりして授業がスタートします。

　こうした情報との出合いが、授業を方向付ける上で大きな影響を与えることは言うまでもありませんから、教師による意図的な情報提示が大切になります。

2 エンジンが温まったら本時の学習課題（問い）を設定する

　学習課題（問い）は、子供たちがその気になったときに、「なるほどね。では、〇〇を調べて（考えて）みようか」などと提示するのがポイントです。子供たちの追究に向けたエンジンが温まっている状態での提示です。その状態で追究する方向が描かれれば、子供たちはそこに乗ってきます。

　その際、重視したいのは子供たちの予想です。予想には様々なレベルがあります。思い付きに近い感覚的なもの、学習や生活の経験などを基にした根拠のあるもの、こうしたらどうかなどと見通しのある仮説に近いものなどです。いずれも子供たちがその気になって学ぶために大事にしたい反応になります。

そうした予想があってこそ、子供たちは主体的に調べたり考えたり話し合ったりします。

　しかし、その流れを全て子供に任せるわけではなく、教師が新たな情報を適切に提示したり、話合いの論点を焦点化したりする必要があります。こうした手立てにより、子供たちは主体的なまま学習のまとめへと向かいます。

③ 学習課題（問い）に立ち返って学習をまとめる

　学習のまとめは、本時の学習課題（問い）に正対していることが必要です。「Q→A」の構造です。学習課題（問い）には、大きく分けると、「なぜ」「どのように」「どっちが」「どうすべきか」など疑問提示型と、「〜しよう」「〜してみよう」などと活動誘導型があります（「なぜ〜なのか調べて考えよう」のように両方を混ぜ合わせたものなどもあります）。

　疑問提示型の場合は、Q（クエスチョン）が明確なので、それに正対し、「なぜなら〜」「〜のように〜」「〜のほうが〜」「〜すべきだ」などとA（アンサー）の形でまとめることが大切です。

　一方、活動誘導型の場合には、追究活動はただ活動すればよいわけではありません。「〜しよう」の下には子供たち一人一人の「どうすればできるか」「どんなふうにするか」といった具体的な課題（問い）がぶら下がっているのです。

　ですから、学習のまとめは、次に述べる振り返りに近いものになりますが、一人一人が自分の具体的な課題（問い）の解決状況等を振り返ってまとめるとよいのです。「〜しよう」という学習課題だからといって「〜しました」というまとめで終わってしまっては、活動あって学びなしになってしまいます。この点を「学習の」まとめとして意識することが大切です。

④ 学び取ったことを振り返る

　「学習のまとめ」と「振り返り」は、いったん分けて捉えておくことが大切です。学習のまとめは、学習課題（問い）に対するまとめ、振り返りは「自分（私）が今日の授業で何を学び取ったか」という振り返りです。「学び取ったこと」としたのは、自分なりにこだわりをもったり引っかかったり、心が動いたりしたことなど、その子なりに学習後に残ったものだからです。「学習感想」などと言う場合もあります。

　この振り返りには、次のようにいくつかの内容が表現されます。

- ■自分の成長（予想したことと結果として分かったこととの差から自分の成長を感じて表現するもの）
- ■学習活動への感想（話し合ったり体験したことについて自分が感じたことや考えたこと、友達の意見への共感などを表現するもの）
- ■１時間の学習課題（問い）を超えた、単元等の学習課題（問い）への気付き（運動にはこういうよさがあることが分かった。音楽はこんなふうに人を楽しませると感じたなどと教科等が求める姿を表現するもの）
- ■次の学習への意欲（今日の授業では分からなかったこと、次に調べたくなったことや、もっと知りたくなったことなどを表現するもの）
- ■これからの生活や行動への意思表明（学んだことをもとに、これから自分はこうしていきたい、もっと知りたい、こんなふうに生活改善したなど、未来に向けて表現するもの）

　この授業構想図は一例にすぎず、固定的に捉える必要はありませんが、子供が「課題（問題）解決」のサイクルを自覚しながら学習経験を重ねていくことは、これからますます大切になります。

学習評価

- 基本的な考え方
- 単元等を通した指導と評価
- 学習評価の実際
- 主体的に学習に取り組む態度
- 社会科における指導と評価

27 基本的な考え方

学習評価の基本的な考え方
―指導と評価の一体化―

（1） **評価したことを指導に生かす**

➡ 目標の実現を目指し、資質・能力を育成する

➡ 指導の在り方を振り返り、指導改善に生かす

（2） **指導したこと（の評価）を記録に残す**

➡ 指導した結果を記録 ABC に残し評定へ

　これは、学習評価の目的を大きく括り、2つに分けて説明しているものです。

　「指導と評価の一体化」という言葉がよく使われますが、上の図の(1)(2)のように、これには2つの側面が含まれているということを表しています。

1 評価したことを指導に生かす

　学習評価の主たる目的は、評価したことを指導に生かすことです。一口に「指導に生かす」と言っても、生かすタイミングによって大きく二つの方向に分けられます。一つは、授業における子供の反応を受け止め、その場で助言したり支援したりすることです。「それはいいね」などとほめることも、その子の学習にその場で関わることになります。評価というと、A、B、C などの評語を決めることや、3、2、1などの評定をすることと混同してしまいがちですが、まずは子供の学習状況を把握して、その状況に応じて教師が子供に関わることが評価を指導に生かすことの基本です。

　もう一つのタイミングは、授業後に教師が子供のたちの学習結果を振り返り、次の時間の授業における指導改善に生かすことです。「その場で」というよりも「職員室で」という感じです。

　「まだ子供たちの理解や練習が十分でないから次の時間もう一度丁寧に指導しよう」「資料や教材が難しいからこっちの資料や教材に代えてみよう」「やはり関係者からの説明が必要だな」などとそれまでの学習を振り返り、次の学習について考えることです。指導を振り返り、その後の指導改善に生かすことが、もう一つの「評価したことを指導に生かす」姿です。

　これら二つの「評価したことを指導に生かす」ことは、単元等や1（コマ）時間ごとの授業の目標を実現し、子供の資質・能力を育成することが究極の目的と言えます。

　このことを大きく捉えると、カリキュラム・マネジメントとして、今年度の指導内容を次年度に向けて改善することにもつながります。カリキュラム・マネジメントも PDCA が大切だと言われるように評価が基本になります。

2 指導したことを評価する

　学習評価のもう一つの目的は、指導したことを評価することです。当たり前のように聞こえるかもしれませんが、「指導していないことは評価しない」と説明すると、イメージがはっきりするのではないでしょうか。すなわち、指導結果を評価することであり、それを評定につなげるためです。

先に述べたとおり、評価の基本は指導に生かし、子供たちの学力を高めることですが、そうは言っても単元等には時間の制約があり、学期で構成される学校の教育活動にも節目の日があります。ずっと指導に生かし続けるわけにもいかないわけです。

　また、年度末には、法定の表簿である「児童（生徒）指導要録」に評定「3・2・1」（中学校は「5・4・3・2・1」）を記入する必要があります。そのため、最終的に評定を定める上でも、教師が随時、指導した結果としての子供の状況を見極め、評価材料（評価資料とも言います）として集めておくことが大切です。観点別学習状況の評価や数値的に表す評価になじまないと言われる思いやりや感性などを含めた人間性についても、これはと思うものを教務手帳等の記録に残しておき、文章記述による評価材料とすることも大切です。

　「児童（生徒）指導要録」は、その学年を修了したことの根拠文書ですから、不十分な評価資料でいい加減に書くわけにはいきません。このように学習評価の目的の一つには評価資料として集めて「記録に残す」という側面があります。ただし、記録に残す際にも、そのギリギリまで指導に生かす努力をすることは必要です。一斉テストのような場合は別にして、「今日は記録に残す日だ」と言って何も指導しないということはないでしょう。つまり「指導に生かす」ことは、授業である限り貫かれているのです。

③ 「指導に生かす」と「記録に残す」

　ここまで評価の目的を「指導に生かす」と「記録に残す」の二つの側面から説明してきましたが、両者が別々の評価であるということではありません。どちらを重視するかという教師の意図の違いです。右の図はそのことを端的に表したものです。

　学習評価は、単元等や毎時の目標に即して設定された「評価規準」をもとに行われます。国立教育政策研究所が示している観点別学習状況評価の進め方の例では、その評価規準に子供の反応（表現）などを照らして、「概ね満足できる状況」と判断されるものを「B」、「十分満足できる状況」と判断されるものを「A」、「努力を要する状況」と判断されるものを「C」と定める方法が示されています。これが多くの学校で採用されているわけですが、ここで確認して

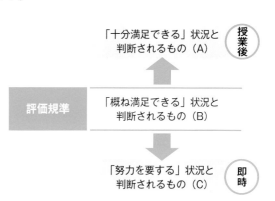

おきたいことは、目標の実現を目指して行われる授業は、まず子供たち全員が「B」と判断される状況になることを目指して指導すべきということです。なぜなら、評価規準は目標を基に描かれているので、子供たち全員がそれを概ね実現できるようにすることが最優先だからです。

　そのため、（授業中に技能などのテストを行う場合は別ですが）授業中にまず（即時に）見極めるべきは「A」ではなく「C」なのです。評価規準において「努力を要する」わけですから、目標を実現できない恐れがあります。教師が子供をA・B・Cに分類するのが評価の本質ではありません。全ての子供が目標を実現できるように指導するためです。その上で、「A」の子供の反応（表現）は、職員室に戻ってから（授業後）でもゆっくり見極めることができるでしょう。

　このように、評価は何のために行うのかを、心に刻んでおくことが大切です。

28 単元等を通した指導と評価

単元の目標 **1**	(資質・能力の三つの柱を踏まえて)		
単元の評価規準表 **2**	知識・技能	思考・判断・表現	主体的に学習に取り組む態度
↓	①	①	①
3 指導と評価の計画	②	②	②

学習過程	学習活動・学習内容	指導上の留意点・評価
	具体的な学習活動　　具体的な学習内容	【知】① 【思】① 【態】① 【知】② 【思】② 【態】②

　これは、単元等を通して目標を実現するために評価を計画的に行う「指導と評価の計画」のイメージを表したものです。

1 「目標は総合的・総括的に」「評価は分析的に・焦点化して」

　各教科等で育成が求められる資質・能力には、三つの柱があり、単元等の目標を設定するときには、その三つを踏まえて行うことが大切であることは先に述べました。それは総合的であり、方向性であることも述べました。だからといって、実際の授業で、一度に資質・能力を身に付けた姿を求めているわけではありません。

　教師が1（コマ）時間の授業において、全ての観点で評価して全ての規準を満たすように授業をすることは不可能です。ですから、国立教育政策研究所などの資料では、授業設計として目標を評価規準に置き換えて、細かく分けて評価しながら指導していく方法を薦めているわけです。すなわち、「目標は総合的・総括的に」「評価は分析的に・焦点化して」という考え方です。

2 「単元等の評価規準表」を作成する

　上の図はその一例です。三つの観点「知識・技能」「思考・判断・表現」「主体的に学習に取り組む態度」にそれぞれ、単元等を通して目標を実現するための評価規準が描かれます。上の図では①、②と2つずつ描くことを想定していますが、決まりはなく、各教科等、単元等によって異なるものと思います。番号を付けてたくさん描く例や、番号を付けずに〇や「・」で並べている例なども見られます。いずれにしても、これらがその単元等において、実際の評価を進める際の「指針」になるものです。評価規準として書かれる文言は、目標の方向を踏まえつつ、目標よりも具体的なものになります。

3 「指導と評価の計画」に配置する

　次に、単元等の指導（学習）過程の中で、評価規準表に描かれたそれぞれの評価規準をもとにどのように評価を進めるのかということを考えるために、指導計画に沿って評価規準を配置します。これは「指導と評価の計画」などと呼ばれます。本来、指導計画には評価が位置付けられるべきであることを踏まえれば、特別にそのような呼び方をせずに「指導計画」でもよいと思います。ここでは評価の必要性を強調する意味で「指導と評価の計画」と呼ぶことにします。

　左頁の図では、評価の観点ごとに描かれた評価規準の①と②を学習展開に応じて配置するイメージを表しています。必ず①→②の順で、それぞれ一度ずつ配置する、などの決まりがあるわけではありません。ただし、評価規準表に描いたものは単元等のどこかに位置付ける必要があります。位置付かないものは評価規準表に描く必要がないからです。現実的には、指導と評価の計画を考えてから、評価規準表を作成したり修正したりする方法も考えられます。

　各教科等の指導と評価の計画の具体的な例は、国立教育政策研究所がホームーページ上で公表している「指導と評価の一体化のための学習評価に関する参考資料」（2020年3月）を参考にするとよいでしょう。

4 単元等の評価の総括

　最後に指導と評価の計画において実際に評価された結果をどうするのかを考えておく必要があります。右の図は単元等の評価の総括をイメージしたものです。「27」の学習評価「基本的な考え方」（p.69）でも述べましたが、評価の目的は、子供をA・B・Cに分類することではありません。まずは評価したことを指導に生かすことです。この図は、ある子供の評価結果を次のようにイメージしています。

単元の評価の総括イメージ

	第1時	第2時	第3時	第4時	第5時	第6時	第7時	総括
知識・技能			C	指導	C		B	B
思考・判断・表現		B				B		B
主体的に学習に取り組む態度	B			B			A	A

（第6時・第7時は「記録」）

■ 単元の前半（第1～5時）では、学習状況を把握して子供たちが「B」の状況であることを見極めるとともに、「C」の状況を見逃さずに個別指導をすることに注意を注ぐ。すなわち「評価したことを指導に生かす」ことを重視する。

■ 単元の後半（第6・7時）は、教師が単元等を通して指導してきた結果が表れる場面なので、指導に生かしつつも最終的にはA・B・Cを定めて記録に残す。

■ 単元等の「総括」は、単元の後半で記録に残した評価結果をもとにして行う。単元の前半は教師が指導する責任を十分に果たすことに力を注ぐべきだからである。

　もちろん、「BBA」であればBのほうが多いので総括は「B」とするなど、教科等、単元等によって異なる面はありますが、大なり小なりこういう考え方は必要なのでしょう。それは、教師が毎時間、全ての子供の「A・B・C」を教務手帳などに付けなければならないなどと考えて「評価に追われる」ことのないようにすることでもあります。

29 学習評価の実際

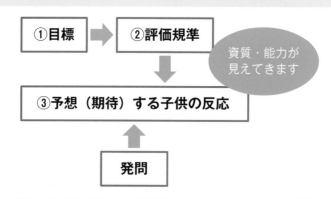

この図は、授業において子供の反応（表現）等をもとに実際に評価を進めていく際の手立てについての考え方をまとめたもので、中心に「予想（期待）する子供の反応」を位置付けているのが特徴です。

単元等の目標から単元等の評価規準表へ、そして指導と評価の計画へと進めることが、実際に評価をする際の手続きであることを説明してきました。しかし、そこまで準備しても実際の評価は難しいものです。「そんなに大変ならもうできない」という声が聞こえてきそうです。

しかし、上の図で示している①や②は、一人一人の先生が頭を悩ませてつくるものではありません。教科書会社が作成している指導と評価の計画等を参考すれば準備できるのです。子供を目の前にしている先生方の本当の仕事は、実はそこから先です。

例えば、評価規準の文言を見てみると、目標に近い抽象的なものが多いことに気付くはずです。単元等の評価規準表は、その単元等の評価の指針なので、抽象的な表現（目標に近い表現）になっています。

しかし、実際の学習評価は、教師が準備した評価規準を暗記していればできるというものではありません。そのため、目標に近い評価規準を頭に入れて子供の前に責任をもって立つことは実現できても、具体的な評価の作業となると話は別なのです。つまり、どういう反応（表現や活動の様子など）が、その評価規準に該当するかを考えておかないと評価はできないということです。

みなさんがご存じのように、子供の表現は一様ではありません。想定される様々な表現や活動の様子の中から「概ね満足できる」と判断される状況（B）をどうやって見極めればよいか、この見極めが一人一人の教師の大切な仕事になります。**子供のどのような表現や活動が「B」というストライク・ゾーンに入るのか、どのような表現や活動はボール玉なのか、そのことを想定しておく必要があるのです。**

ここで欠かせないことがあります。それが教師による問いかけ（発問）です。そもそも評価は指導したことを評価するのであって、偶然に子供から表現されたことを評価するものではありません。そこで、教師が回答を期待して問いかけ、その反応（回答）を評価すると考えたらどうでしょうか。

このことは、ペーパー・テストで考えれば分かるはずです。曖昧な設問では子供は回答しようがありません。悪問であれば正答率が低下します。このことと同様で、教師がどのような言葉で問い

かけるかが、子供の評価資料（材料）に大きく影響します。

　作品などを作った場合には、「どんな点を工夫したか」「なぜ、その工夫をしたのか」などについて、書かせる方法もよいでしょう。また、図やイラストなどにまとめた場合には、「この図を作って〜の仕組みを説明しましょう」などと文章記述と併せて求めたり、「なぜ、〜が大切なのかを描いたイラストで説明しましょう」などと焦点化した問いかけをしたりして、考えを表現させる方法もよいでしょう。それぞれ「知識・技能」や「思考・判断・表現」の評価資料（材料）として明確なものとなります。

　特に小学校の先生方は、明確に問うていないのに、答えを求めているように見えてしまいます。Q（発問）が不明確であれば、A（回答）はもっと不明確になってしまうのです。

本時の評価の実際

単元等の目標

例：〜する活動を通して、〜の働きを考え
　　表現できるようにする。

単元等の評価規準表の評価規準

例：〜の働きの大切さを考え、文などで表
　　現している。

評価方法

○判断基準
　・どのように関連付けているか
　・どのような例を挙げているか
　・大切さをどのように表現している
　　か　など

本時における実際の評価規準

例：「○○と△△を関連付けて考え、〜の
　　働きについて、大切であること例を挙げて
　　表現しているか」を評価する。
　　　　　　　　（ノートの記述内容から）

○評価資料（材料）
　（ノートやワークシートの記述内容、
　　発言内容、作品など）

　具体策はほかにもあります。上の図は、「本時の評価規準」を「単元等の評価規準表」の文言よりも細かく規定しないと、実際の評価はできないことを表したものです。

　単元等の評価規準表における評価規準の記述は、これまで述べたように目標を受けているので、目標に近い文言で表現されます。

　一方で、その評価規準表を指針にして、1（コマ）時間ごとに実際に評価する際には、上の図のように評価方法を意識しておくことが大切です。ここでいう評価方法とは「教師の判断基準」や「評価資料（材料）」を指しています。単元等の評価規準表にある評価規準の記述は、「〜している」と単元等の目標の一部を実現している子供の学習状況（姿）を描いているのですが、実際には、本時の目標は単元等の目標よりも焦点化されたものになり、本時の評価規準においては、さらに、「そうであるか・ないか」という教師の判断基準が必要になります。また、子供の発言なのか、ノートへの記述内容なのか、行動の様子なのか、何を評価資料（材料）にして評価するかを準備しておく必要があります。

　こうしたことを踏まえると、本時の指導案などに書かれる評価規準は、自ずと単元等の評価規準表のコピーではなく、それを踏まえた上での具体的な表現になると考えられます。

30 主体的に学習に取り組む態度

単元の評価規準設定の作成例（社会科）

知識・技能	思考・判断・表現	主体的に学習に取り組む態度
①〜などについて〜などで調べて、必要な情報を集め、読み取り、〜を理解している。 ②調べたことを〜や文などにまとめ、〜を理解している。	①〜などに着目して、問いを見いだし、〜について考え表現している。 ②○と○を（比較・関連付け、総合など）して〜を考えたり、学習したことを基に社会への関わり方を選択・判断したりして、適切に表現している。	①〜（に関する事項）について、予想や学習計画を立て、学習を振り返ったり見直したりして、学習問題を追究し、解決しようとしている。 ②よりよい社会を考え、学習したことを社会生活に生かそうとしている。

　この図は、小学校社会科の単元等の評価規準表モデルで、下記のウの「資料」から抜粋したものです。単元等ごとの評価規準表がその単元等における評価の指針ですから、その意味では「指針の基本型」というべきものかもしれません。「〜」という記述が多い理由は、「31」（p.76）で学習指導要領との関係から説明するので、ここでは少々読みづらいですがご容赦ください。

　新学習指導要領の下でスタートする学習評価の考え方について、その方向が明確に示されている情報源は次の三つです。

ア　中央教育審議会初等中等教育分科会教育課程部会報告「児童生徒の学習評価の在り方について（報告）」（平成31年1月）

イ　文部科学省初等中等教育局長通知「小学校、中学校、高等学校及び特別支援学校等における児童生徒の学習評価及び指導要録の改善等について（通知）」（平成31年3月）

ウ　国立教育政策研究所「指導と評価の一体化のための学習評価に関する参考資料』（令和2年3月）」

　上の図のような単元の評価規準の基本型がどのように描かれたのかについて、「主体的に学習に取り組む態度」を例に順序よく説明していきます。

　「主体的学習に取り組む態度」の趣旨について、アの「報告」では次のように説明されています。

---

❶　知識及び技能を獲得したり、思考力、判断力、表現力等を身に付けたりすることに向けた<u>粘り強い取組を行おうとする側面</u>

❷　❶の粘り強い取組を行う中で、<u>自らの学習を調整しようとする側面</u>

の二つの側面で評価することが求められる。

（下線は筆者）

---

　❶からは従来の「関心・意欲・態度」の評価で陥りがちであった挙手の回数やノート記述の分量などを評価材料とするのではなく、他の観点との関連性を重視する趣旨が伝わります。❷からは、それに加えて、いわゆる「メタ認知」的な要素を求めていることがうかがえます。また「〜行う中で」という表現から、❶と❷が結び付いたものであると受け止めることもできます。

　この説明を踏まえて、各教科等では「主体的に学習に取り組む態度」の評価規準をどのように考えたのかについて、社会科を例に見ていきます。

学習評価の観点については、「その趣旨」がイの「通知」に書かれています。例えば、社会科では次のように書かれています。

> 　社会的事象について、国家及び社会の担い手として、よりよい社会を考え主体的に問題解決しようとしている。

　これは、教科の目標(3)「学びに向かう力、人間性等」の文言を踏まえたものです。

　このように、評価の観点は、まずその趣旨を確かめることが大切です。

　次に、実際にはどのような評価規準が描かれていったのかを見てみます。

　ウの「資料」には、社会科における「主体的に学習に取り組む態度」の評価規準作成の考え方が次のように書かれています。

> ここでは、学習過程に沿って、
> (ア)　社会的事象について、予想や学習計画を立て、学習を振り返ったり見直したりして、学習問題を追究・解決しようとしているか
> (イ)　よりよい社会を考え学習したことを社会生活に生かそうとしているか
> 　という学習状況を捉えるよう評価規準を作成する。
> （記号は筆者が付記）

　(ア)については、「学習の見通し」や「自己の学習調整」による主体的な学習が想定されていることが分かります。次のように説明されています。

> 　「予想や学習計画を立て」では、学習問題の追究・解決に向けて見通しをもとうとしている学習状況を捉えるようにする。また、「学習を振り返ったり見直したり」では問題解決に向けて、自らの学習状況を確認したり、さらに調べたいことを考えようとしたりする学習状況を捉えるようにする。

　(ア)やその説明に出てくる文言は、アの「報告」を踏まえつつ、「小学校学習指導要領解説 社会編」の第4章の1「指導計画作成上の配慮事項」から導き出されています。

　(イ)については、「社会科で学んだことと実社会とをつなげようとする社会的な態度」が想定されていることが分かります。次のように説明されています。

> 　「学習したことを社会生活に生かそうとしている」では、それまでの学習成果を基に、生活の在り方やこれからの社会の発展について考えようとする学習状況を捉えるようにする。

　これらの文言は、社会科の各学年の目標から導き出されています。

　このように各教科等における「主体的に学習に取り組む態度」の評価規準や単元の評価規準の基本型は、「学習指導要領」や「解説」に示された表現を用いながら、冒頭のアの報告、イの通知などを踏まえて作成され、ウの資料に具体例として描かれているということなのです。

社会科における指導と評価

1 学習指導要領の内容の記述形式

(1) Aについて、学習の問題を追究・解決する活動を通して、次の事項を身に付ける ことができるよう指導する。
ア 次のような知識や技能を身に付けること
(ア) Bを理解すること
(イ) Cなどで調べて、Dなどにまとめること
イ 次のような思考力、判断力、表現力等を身に付けること
(ア) Eなどに着目して、Fを捉え、Gを考え、表現すること

2 単元の評価規準設定の作成例

知識・技能	思考・判断・表現	主体的に学習に取り組む態度
①EなどについてCなどで調べて、必要な情報を集め、読み取り、Fを理解している。	①Eなどに着目して、問いを見いだし、Fについて考え表現している。	①A（に関する事項）について、予想や学習計画を立て、学習を振り返ったり見直したりして、学習問題を追究し、解決しようとしている。
②調べたことをDや文などにまとめ、Bを理解している。	②○と○を（比較・関連付け、総合など）してGを考えたり、学習したことを基に社会への関わり方を選択・判断したりして、適切に表現している。	②よりよい社会を考え、学習したことを社会生活に生かそうとしている。

　この図は、「30」で解説した「学習指導要領等に示された表現を用いながら」評価規準の基本型を設定している小学校社会科の例です。社会科の例が続きますが、ご容赦ください。

1 学習指導要領の内容を読み解く

　「小（中）学校学習指導要領」には、内容の示し方に一定の決まりがあります。小学校社会科では図の上段の形式を基本として書かれています。内容と目標との関連を明確にするために、内容にも「知識や技能」「思考力、判断力、表現力等」という文言が書かれていますが、これらをバラバラに育てることを求めているわけではありません。例えば、以下のようにつなげて読むようにすれば、単元等の目標はもとより学習展開も意識できるようになります。

　Eなどに着目して、Cなどで調べて、Fを捉え、DなどにまとめながらGを考え表現することを通して、Bを理解すること。

　ただし、このような「読みつなげ方」に決まりがあるわけではありません。教科等ごとに異なるものだろうと思いますが、ア、イなどの項目で示されていることは、バラバラではなく相互に結び付けながら指導していくことを求めているということは共通します。

2 評価規準表を考える

　学習指導要領の内容を読み解くことで、単元等の評価規準表を一定程度作成することができます。一定程度としたのは、教材や学習活動などの細かなことは学習指導要領には規定されていないからです。ですから、図の2は評価規準の「基本型」なのです。

　2の評価規準表を見ると、A～Gまでの記号が書かれています（例えば、学習指導要領の各学年の内容には、A：社会的事象、B：理解事項、C：調査方法、D：まとめる方法、E：追究の視点、

F：社会的事象の様子や仕組み、G：特色や意味などを具体的に示しています）。記号が書かれていない部分は、学習指導要領の各学年の「目標」や「指導計画作成上の配慮事項」及びその「解説」から文言が導き出されています。

3 指導と評価の計画を考える

右の図は、単元展開と主な学習活動を想定して、そこに評価規準表から評価規準（観点名と番号のみ）を選んで位置付けた例です。こうした例は様々考えられるため、決まりをつくる必要はありません。「はじめに評価ありき」にしてしまうと授業が画一化してつまらないものになってしまいます。

右の図では、例えば、単元の導入である「課題把握」では、まず資料等から情報を得て学習の基盤をつくる活動・場面があるため、

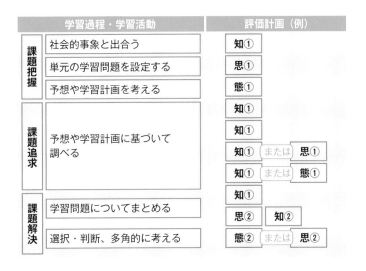

学習過程・学習活動		評価計画（例）
課題把握	社会的事象と出合う	知①
	単元の学習問題を設定する	思①
	予想や学習計画を考える	態①
課題追求	予想や学習計画に基づいて調べる	知①
		知①
		知① または 思①
		知① または 態①
		知①
課題解決	学習問題についてまとめる	思② 知②
	選択・判断、多角的に考える	態② または 思②

そこで「知識・技能①」を、その後に学習問題を設定する際には、一人一人の疑問や問いが表現されたり学習問題に対する考えなどをまとめたりする活動・場面があるため、そこで「思考・判断・表現①」を、また学習問題に対する予想や調べる計画を考える場面があるため、そこで「主体的に学習に取り組む態度①」を、それぞれ設定しています。

図中の「課題追究」「課題解決」に「または」として複数の評価規準（観点）が並んでいるのは、「どちらを評価規準とするかは、本時の目標や教師の指導意図による」ことを表しています。「調べて知識を獲得すること」「問いをもって考えること」のどちらの活動・場面もあるのが実際の授業でしょう。

ここで、教師は分析的に焦点化して評価することが必要です。一度に欲張らなくても、次の時間、次の単元もあります。「今日の指導のねらい（学級の全員が達成すべきこと）をどう絞るか」「今日はどんな反応こそ評価対象とすべきか」などを教師が決断すればよいのです。

その一方で、図中には「課題解決」で2つの評価規準（観点）を（「または」とせず）並べて示しているものもあります。単元等の後半でよく見られることですが、単元等を通して指導してきた結果としての子供の姿（学んだことを作品や文章にまとめたり自分の意見をしっかりもてるようになった姿）を想定すると、どうしても評価規準が多くなってしまいます。

そこで、この場合には、一つに絞る方法以外に、対象とする活動・場面を明確にして評価を分ける方法があります。例えば、「〜について、みんながすべきことのアイディアを積極的に表現する」活動・場面では「主体的に学習に取り組む態度②」を、その後で「自分ができることを選んで決めて、その理由をまとめる」活動・場面では「思考・判断・表現②」を、それぞれ評価規準にして評価する考え方です。授業中に複数の観点で同時に評価することは大変ですから、ノートやワークシートに分けて書かせて、後で評価するのであれば可能であると考えられます。

また、中学校における中間テスト・期末テストの問題であれば、評価規準②を意識して作成すれば、「指導したこと（の評価）を記録に残す」という理に叶うものになります。

教材研究

教材研究の考え方
教材選定の基準
単元等の指導計画
本時の指導案
社会科における問い

32 教材研究の考え方

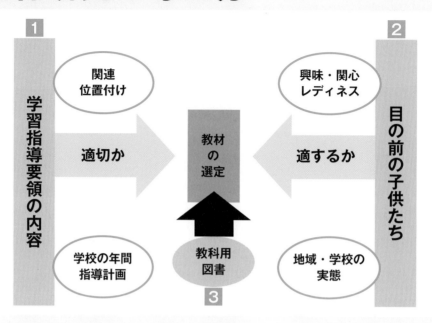

この図は、教材研究の際に踏まえるべき視野を並べたものです。当然ですが、教材は何でもよい
わけではありません。学習指導要領の内容と目の前の子供たちの状況を見据えて、教科用図書（以
下「教科書」という）を参考にしながら考えるイメージを表したものです。本書では、教材を「学
習者である子供と学習内容を結び付けるための材料」であるとしています。

1 学習指導要領の内容を把握する

みなさんは、教材研究を始めるときにまず何を見ますか。多くの場合、教科書が最初ではないで
しょうか。国語科では教材としての作品が掲載されていますし、算数科では「かけ算」などのタイ
トルが示され問題が示されていますから、教科書を見ることが、教材のイメージをもつこと、すな
わち教材研究のスタートとして効果的だという教科等も多いことでしょう。

その一方で、体育（保健領域を除く）や総合的な学習の時間、特別活動など教科書のない教科等
もあります。また、小学校第3・4学年の社会科であれば、市や県などの地域を学習対象としてい
るので、文部科学省が検定している教科書はそのまま使いづらい面があります。

少々回りくどい言い方になりましたが、やはりまず学習指導要領の内容を把握することの大切さ
を確認しておきたいと思います。

学習指導要領の内容の記述は、様々な教材が当てはまるよう汎用性が高い抽象的な表現になって
います。そのため、具体的な学習活動をイメージできるようには書かれていません。このように、
読んでも分かりづらい面がありますが、「学習指導要領を読んで教科書で教材の具体例を確かめる」
「教科書を読んで教材の意図が分からなかったら学習指導要領を再度読む」という視野の行き来を
しながら、教材のイメージを高めていくことをお薦めします。

特に「教材はじめにありき」では、教師の個人的な意向が強く出すぎてしまい、公立学校として
の意図的・計画的な教育活動が進めにくくなる懸念もあります。学習指導要領の（学年、分野など
の）目標に適合するか、その学年の内容に関連するか、学校としての年間指導計画やその中の単元
等に位置付くかといったことを確かめながら、教材を選定することが大切です。

2 目の前の子供たちを見つめる

　ただし、1 だけでよければ、教材は教師の論理のみでよい、全国共通でもよいことになってしまいます。よく「地域の実態、学校の実態、子供の実態を踏まえて教師が創意工夫すべきだ」と言われるのは、教材は単に指導事項を形にしたものではなく、子供にとっての（主体的な）学習材料になることを視野に入れて考える必要があるからです。そのためには、その教材が目の前にいる子供に与える影響や子供たちにとっての学習上の価値と、その教材に対して子供たちが示す興味・関心などの反応の両方を考えることが大切です。

　地域の実態を踏まえる上で大切な視点は、学校を取り巻く地域の人的・物的資源のよさや地域に見られる課題です。地域にはこんな人々がいて学校教育に協力してくれる、地域にはこんな施設や物があって授業に活用できる、といった人的・物的資源を生かすこと、一方で地域には伝統的な文化財や見学できる場所などが少ない、安全面からの留意事項があるなどの課題を視野に入れることも大切です。

　学校の実態を踏まえる上で大切な視点は、学校の歴史や規模（児童・生徒数）、教具や環境の整備状況、教職員の体制、PTA や保護者の協力体制などです。

　子供（児童・生徒）の実態を踏まえる上で大切な視点は、子供たちの学校生活や家庭生活の様子、それまでに学んだこと（レディネス）、今興味・関心のあることなどです。また、学習集団がどのように学級として形成されているか、教師と子供の関係はどうか、といったことも関連してきます。それらを全て教師が正確につかむことは困難です。教師が子供たちを日常的に見つめていて把握できる範囲でかまいません。場合によっては、アンケート調査などを通して調べておく方法もあるでしょう。

3 教科書を参考にする

　教科書は、法律上「主たる教材」とされています。だから文部科学省という国の組織が「検定」して内容の精査を行っているのです。そのため、教科書が指定されている教科等の授業では、教材として教科書を使用することを基本として考える必要があります。

　その一方で、「教科書を学ぶ」ではなく「教科書で学ぶ」ことが求められます。すなわち教科書を効果的に使い、学習指導要領の内容の習得を通して学習指導要領の目標を実現することを目指すという意味であり、教材は学習内容とイコールではないということです。

　例えば、社会科の教科書を比べてみると、小学校と中学校では大きく様相が異なります。小学校の教科書の多くは、問題解決的な学習の過程を紙面上に構成し、単元の学習展開に沿ってページが進む「問題解決展開型」になっています。それに対して、中学校の教科書は、社会的事象を説明する知識や資料をふんだんに盛り込みながら広い視野の学習に使える「資料集型」になっています。

　これは、小学校社会科では「調べて考える学習」が求められているのに対し、中学校では「諸資料を基に考察する学習」が求められていることや、小学校の先生は複数の教科を指導するため「授業の進め方」のサポートが必要であるのに対し、中学校の先生は教科担当なので、「資料集型」で専門的な知見から課題解決の授業にする工夫が求められているからでしょう。このような意味で、中学校では、学習内容との関連でより深い教材研究が求められていると言ってもよいでしょう。このように教科書は校種によっても活用の仕方が変わる可能性があります。

　いずれにしても、1 2 3 の視野から教師が工夫して教材研究を行うことが求められていることには変わりありません。

33 教材選定の基準

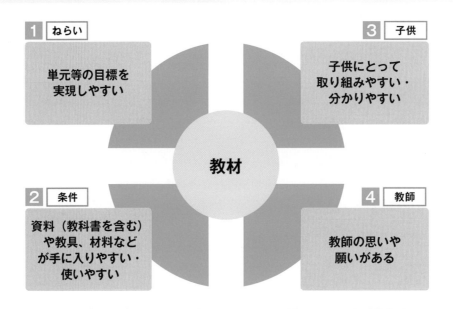

この図は、「32」の続きとして、教師が教材を選ぶ際にどのような基準をもっているかを例としてまとめたものです。

1 単元等の目標を実現しやすいこと

多くの教科等では、教材を考える際には、同時に単元等の学習のまとまりを考えることになることでしょう。1つの教材だけで単元や題材などを考えることは少なく、単元や題材などのまとまり全体で教材を考えることが多いからです。

その際、重要なことは、その教材を活用することが単元等の目標を実現することにつながるか、単元等の目標を実現しやすい教材かどうかです。社会科を例に学習指導要領の内容を構造化すると下の図になります。このように学習指導要領の内容を単元等の学習活動・学習展開ふうに読めば、その教材を通してどのようなことを子供に伝えるかという「教材化の視点」が見えます。

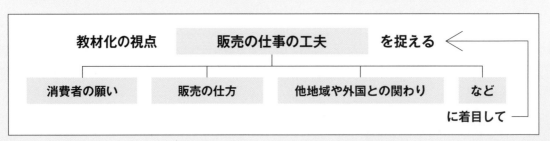

また、「学びに向かう力・人間性等」が織り込まれていることが想定されるので、知識や技能だけでなく他の目標との関連についても考えることも大切な基準となります。

2 資料（教科書を含む）や教具・材料などが手に入りやすい、使いやすいこと

教材を具体的な形にして子供に届けるには、その媒介として資料（実物、映像、文書、データな

ど、教科書を含む）、材料（紙、土、植木鉢など）、教具（跳び箱、ホワイトボード、楽器など）を介して届けることが必要です。

社会科では特にそうですが、独自の資料収集はなかなか大変で、できれば教科書の資料を使いたいという思いが先生方にはあると思います。そのように資料や材料が身近にあり手に入りやすい、教具が学校にあってすぐに使用できるなどの条件が整っているかどうかも教材選定の大切な基準になります。教育活動は多岐にわたり、先生方は日々多忙を極めています。効率的に教材研究を行うことも忘れないようにしたいものです。

③ 子供にとって取り組みやすい、分かりやすいこと

学習指導要領の内容は、学習活動を通して子供が習得できるようにします。すなわち、内容を子供が身に付けるのは「活動を通して」であるということです。ですから、教材を選定する基準として、子供にとって取り組みやすい学習活動との組み合わせが考えられるかが挙げられます。

例えば、理科では「金属は熱せられた部分から順に温まる（中略）こと」を理解する内容があります。この場合、どんな種類の、どんな形の金属を教材とすればよいかだけでなく、「こんな学習活動であれば子供たちが確かめやすい、こんなふうに使うと効果的だ」といった学習活動との組み合わせで、教材を選定することになります。子供たち自身が主体的に取り組んで学習内容を習得できる教材かどうかが基準の一つです。

また、学習指導要領の目標や内容は、当然ながら「大人の言葉」で書かれており、そのままでは子供に届きません。学習指導要領と子供とをつなぐのは教師の役割です。そこで、目標や内容を十分に解釈して、子供に届く言葉に翻訳するのです。

例えば、音楽科では、「曲想と音楽の構造との関わりに気付く」（第3学年及び第4学年の内容A表現のイ）ことが内容に示されていますが、このままの言葉を教師がもっていても、あるいは子供に伝えても伝わりません。ここで、「同じふしを何度も繰り返すことで、この曲はどんな情景（気持ち）を表しているか」などの言葉に翻訳します。この過程を踏まえて、その教材は、子供にとって感じ取りやすいものかを考えるのです。これが子供にとって「分かりやすい」かどうかを判断する基準になります。

④ 教師の思いや願いがある

「この学習を通して、子供たちにこんな成長を促したい」「こんなふうに学習を終えるようにしたい」など、教師には授業への思いや願いがあります。その思いや願いが一番込められるのが教材であると言っても過言ではないでしょう。

「教材に惚れる」という言葉があります。教師がそれくらいの思いをもって、熱心に教材研究することをイメージした言葉です。そうした教材は、教師の意図を越えて、子供たちを豊かに育てることが往々にしてあります。

その一方で、「教材に溺れる」という言葉もあります。教師はその教材が気に入って強い思いをもっているのだけど、自己満足的で子供たちに伝わらなかったり、学習指導要領の目標に位置付かず内容との関連が不明確であったりすることを指す言葉です。

やはり、①～④を基準例にしてバランスのよい目線で教材を決めることが大切です。

34 単元等の指導計画

単元づくりのイメージ

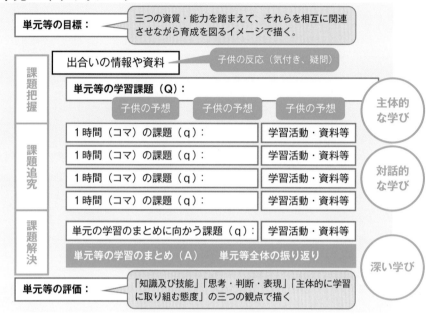

この図は、単元の指導計画を作成する前に、構想段階でもっているとよいと考えるイメージです。指導計画というと下記の事項を構成要素としてつくるのが一般的でしょう。

単元等の目標、単元等の評価規準、教材について、子供の実態、学習展開、学習過程、学習活動、学習内容、指導上の留意点、準備する物、学習評価などです。

教科等によって、少々作法が異なり、要素や形式も変わるものと思いますが、いずれにしても、まず教師が頭の中を整理して、上から順序よく書いていくものであろうと思います。

しかし、ここで考えてほしいことがあります。学習指導要領のもとで求められていることは、「主体的・対話的」な学びを実現すること、「子供が見方・考え方を働かせて学ぶこと」「資質・能力が育成されるように指導すること」です。いずれも、教師が一方的に教えることでは叶わない事柄です。

そこで、単元等の指導計画を書く前に、まずイメージとして（ラフスケッチでよいから）書いてほしい下書きを右の図にまとめました。その特徴を説明していきます。

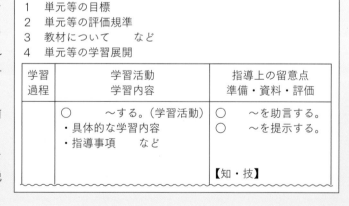

1 三つの資質・能力が結び付くように目標を描く

単元等の目標は、毎時の目標と異なり、大きく描くものです。各教科等の目標が三つの資質・能力で描かれていることを踏まえれば、単元等の目標も学年や分野の目標などを踏まえて、三つの資

質・能力で描かれることが望ましいと考えられます。そうでなければ、学年や分野の目標は絵に描いた餅になってしまうでしょう。

　三つの資質・能力で描く際、それらを三つの文に分けて書く方法もあります。目標の書き方に決まりはありません。しかし、単元の授業展開を意識しながら書くことも大切です。たとえば、「〇〇の技能を生かして〜する活動を通して〇〇を理解する」「〇〇を考えることを通して〇〇を理解するとともに、〇〇な態度を養う」などです。

　何も無理矢理に結び付けて長文をつくれと言っているわけではありません。三つの資質・能力は、バラバラに育成を目指すのではなく、相互に結び付けながらバランスよく育成を目指していくものです。また、「見方・考え方を働かせて」といった文言を入れるならなおさらです。見方・考え方は三つの資質・能力の全てに関わるというのが基本的な考え方だからです。

2 学習過程を描く

　課題（問題）解決的な学習展開を重視する教科等なら、学習過程をしっかり描くことを重視しましょう。左上の図の例は「課題把握」「課題追究」「課題解決」としていますが、ほかにもいろいろ考えられると思います。

　学習過程を描くことで、学習活動の目的がはっきりします。何のための課題なのか、何のための活動なのか、教師の意図が不明確だと子供には伝わらないし、子供の学びは主体的にも対話的にもなりようがありません。その学習活動はどんな課題の追究のためのものか、どんな解決過程を考えたらよいかなど、学習過程を意識しながら課題や学習活動を描いてみることが大切です。

3 子供の反応を(想定して)描く

　教師が一方的に書く単元等の指導計画で一番抜け落ちがちなのが、「子供の反応の想定」です。左上の図の中で「子供の反応（気付きや疑問）」「子供の予想」などと書いている箇所です。特に単元等の前半部分で多く描いています。

　授業は、子供たちの「その気」「やる気」「本気」がなければ、教師がいくら意気込んでも前には進みません。そのような意味で、「主体的な学び」の鍵は単元等の前半部分にあると言っても過言ではないでしょう。単元の導入等で見られる子供たちの反応を生かして学習課題を設定したり、学習課題に対する子供たちの予想を生かして単元の計画（毎時の学習課題の計画）を考えたりして、主体的な学習の第一エンジンを噴射するイメージで考えるとよいでしょう。

4 対話的な学びから深い学びへと描く

　単元等の学習のまとめでは、「学級のみんなの力を合わせて学習課題を解決してまとめた」という気持ち、また「私は学習を通して成長した（学び取ったことがある）」という気持ちの両方を子供たちにもたせるようにすることが大切です。そのため、学習のまとめは学級の多くの子供たちの意見や考えを聞きながら学級全体でまとめること、単元の学習を振り返って自分は何を学び取ったか、何が心に残ったかなどを各自でまとめることの両方が大切です。学級としての学びと個の学びの成果の自覚です。それは単元等の目標の実現はもとより、それにとどまらずに、その後の学習にも影響する、子供たちのモチベーションにつながります。

　また、目標は三つの資質・能力が結び付くように総合的に描きますが、学習評価は、子供たちのまとめなどの反応を基にしながら、資質・能力のそれぞれに対応した三つの観点に分けて分析的に行います。

35 本時の指導案

本時の指導案イメージ

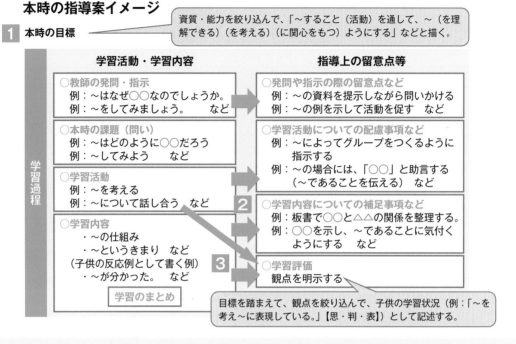

この図は、1（コマ）時間の指導案の構成要素や構成の仕方の例を表したものです。

指導案の書き方に特別な決まりはありませんし、教科等によって「作法」の違いがあると思います。そもそも一人一人の教師が自分のアイディアを生かして書けばよいものです。あえて、このイメージ例を示したのは、指導案を書く際には、「教師の意図と方策を明確にすることが大切だ」ということを伝えたかったからです。

1（コマ）時間の指導案を日常的に描いている先生は多くはないでしょう。研究授業や授業参観など、子供以外の第三者に授業を公開するときくらいでしょうか。年間を通してそんなに多くないせっかくの機会なので、よく考えて描いてみるとよいと思います。描いた経験から大事なポイントが頭に残り、紙面に表さなくても授業展開や留意点がイメージできるようになるからです。

1 本時の目標は、学習のまとめや学習評価を踏まえて（意識して）絞り込む

本時の指導案の目標を描くとき、教師は「あれもこれも」と、つい詰め込みがちです。しかし、小学校であれば45分、中学校であれば50分の時間制限があります。ですので1時間の授業時間の中で実現できることは、それほど多くはありません。それよりも、「今日はこの点を中心にいこう」「今日こそこんな力を伸ばすようにしよう」「最低限これだけは理解させるようにする」などと「絞り込む」ことが大切です。

このことは、学習評価ともつながります。1（コマ）時間だけで、あれもこれも評価できませんから、おのずと観点を絞ることが必要になります。翻って、観点を絞って評価するということは、ねらいを絞って目標を描く必要があるということです。目標の実現に向けて指導するのですから、このように（目標と）指導と評価の一体化は、日々の授業を通して実現するものなのです。

2 「子供側」と「教師側」の両方の目線をもつ

　多くの教科等の指導案では、左側に子供の学習活動やそれを通して学ぶ学習内容を描き、右側に教師がどのようなことに配慮・留意するかについて描きます。繰り返しになりますが、これが正しいと言いたいわけではありません。両方の目線をもつことが大切だということです。

　子供の目線については、縦のつながりを見ることが大切です（左頁の図に表したのは記述する順序ではありません）。目標と学習課題、学習課題と活動、学習内容それぞれの関係（つながり）などを見ながら、子供にとって学習の必然性や主体性が生まれるように意図するわけです。そのためには、学習内容について、子供の反応（子供たちはどう動くか、何に気付くか、どう表現するかなど）を予想して描く必要があり、子供の側に立って考えてみることです。

　教師の目線については、横のつながりを見ることが大切です。例えば、左側に「教師の発問や指示」「学習活動」「学習内容」を描く際には、その右側に、それぞれに対応する教師の関わりや具体的な手立て（提示する情報や資料、補足説明、指示や助言の仕方、環境や条件の設定など）を描くと、教師の意図が明確になります。逆に、これらがないと、学習活動も学習内容も子供に任せっきりの印象になります。ただ項目を並べただけでは、「指導案」（指導する際の教師の案）にはなりません。

3 学習評価は学習活動に対応させて描く

　本時の指導案の学習評価は、単元等の評価規準よりも詳しく描くことが大切です。実際の子供たちの反応などを材料にして評価できるように描く必要があるからです。単元等の評価規準については、目標のすぐ下に「評価規準表」として、単元全体の評価規準を並べたり、単元等の指導計画上にその時間で評価する観点のみを記載したりする例が多く見られます。評価の全体計画のようなイメージです（詳しくは p.70）。

　しかし、本時の指導案の場合には、■でも述べたように、評価の観点も絞り込まれていることが多いため、1（コマ）時間の授業のどの場面で評価材料を集めるのかが分かるようにすることが大切です。

　評価は、指導案の最後（一番下）などに書きがちです。しかし、授業の最後に子供に学習のまとめや感想などを書かせてそれを評価する場合ならよいのですが、授業における評価場面は必ず最後とは限りません。授業の途中で評価資料が得られることも多くあるからです。

　例えば、自分の予想をノートに書く、話合いのための根拠や材料をワークシートに書く、グループ活動で各自の意見を述べる、自分の作品に工夫を重ねているなどの場面です。このように授業の前半や中盤でも評価資料を集める場合があります。そのため、1（コマ）時間の評価は、学習活動や子供の反応例に対応させて描くと分かりやすくなります。

【思考・判断・表現】学習活動例：「〜について各自が自分の考えをノートにまとめる」
　→学習評価例：「〜と〜を関連付けて根拠を明確にして考えを表現しているか」

【主体的に学習に取り組む態度】学習活動例「〜グループで相談して課題解決への見通しをもつ」
　→学習評価例：「〜の解決について予想や計画を考えようとしているか」

といった感じです。繰り返しになりますが、どの観点でどのような反応を評価するかについては、本時の目標（教師のねらい）次第です。

社会科における問い

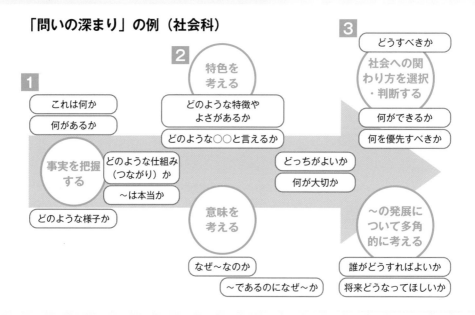

「問いの深まり」の例（社会科）

この図は、社会科を例に「問いの質」が深まっていく様子を表したものです。この「問いの質」が深まるとは、見えるもの（見て分かること）から見えないもの（考えるべきこと）へと問いの対象が変わっていくことや、立場が時間を越えて視野が広がっていくことなどを表しています。

図は、左から右への質の深まりを表現していていますが、単元等の学習展開や1（コマ）時間の授業展開が必ずこの順序になるとは限りません。問いには、それぞれ意図があるので、教師が意図的に順序を入れ替えて提示することがあるからです。

ここでは、問いを学習課題（学習問題）や教師の発問とします。子供の個々の疑問はその前提となりますが、あまり細かく分けると分かりにくくなるからです。理想的に言えば、子供の疑問を生かしたりつなげたりすることで、学習課題（学習問題）が設定されたり、教師の発問が明確になったりすることが大切です。

1 「事実を把握する」ための問い

一般的に社会科では、事実（社会的事象）を調べて大まかに把握することから学習がはじまります。価値や意義について話し合うことばかりを優先させると、道徳科のようになってしまいます。

事実を把握するための問いとしては、「これは何ですか」「何があり（見え）ますか」などと写真などの資料から事実を発見させる問いや、映像などを見せて「どのような様子ですか」と尋ねたり、いくつかの事実を束ねて「どんなことが分かりましたか」などと尋ねたりするのも、事実を把握するための問いと捉えることができます。事実を把握するためには「どんな」「どのような」という問いが多くなります。

2 「特色や意味を考える」ための問い

事実を把握したら、そこから特色や意味などを考えるようにします。しかし、いきなり「特色は何ですか」「意味は何ですか」などと問うても、抽象度が高く子供は考えられません。社会科の特質かもしれませんが、「どのような仕組みかな」などと分かった事実をつなげてみたり、「本当かな」

などともっと詳しく事実を調べるようにしたりする問いも用意されることがあります。

　同じ「どのような」でも、仕組みになると特色や意味に近付くと言えます。その上で、特色を考えるには「どのような特徴がありますか」「どのようなよさが見られますか」などと全体的な傾向や目立つよさなどを尋ねたり、「どのようなまちと言えますか？」「どのようなことに気を付けてつくっていますか？」などと、子供の言葉で特色を表現させるように尋ねたりする方法が考えられます。この場合の「どのような」は、特徴、よさ、気をつけていることなど、考えるべきことが決められている点で①とは異なります。

　一方、意味を考える問いであれば、「なぜ～なのか」という問い方に代表されます。ただし、いきなり「なぜ」と問うても、子供に届きにくいことがあります。その場合には、「～であるのに、なぜ～しているのか」などと、前提となる事実や条件を示してから、それとの「ズレ」や矛盾などの関係性を伝えながら、「なぜ」と問いかける方法もあります。

　また、社会科における「意味」とは、社会的事象に関わる人々にとっての意味、国民生活にとっての意味なので、「なぜ」と問うのではなく、「どんな役割がありますか」「どのように役立っていますか」などと問う方法もあります。

③ 「これからのことを考える」ための問い

　社会科は、未来の社会を担う国民の一人として、これからの社会の在り方や自分たちの社会への関わり方を考えたりすることが求められる教科です。そのため、事実を把握して、特色や意味を考えることにとどまらずに、そうした思考へと子供を導く問いも大切になります。

　左頁の図に示されているように、それが「社会への関わり方を選択・判断する」ための問いと、「社会（産業など）の発展について多角的に考える」ための問いです。

　前者は、「～のためには私たちはどうすればよいだろう（どうすべきだろう）」「あなたに協力できることは何だろう（何をすべきだろう）」「何を優先していけばよいのだろう」などと、自分たちの社会への関わり方を尋ねる問いです。

　これに対して、後者は、「～がこれからの発展するためには、誰がどのようなことをすればよいのだろう」「きみたちは～にこれからどうなってほしいのか」などと、よりよい社会の在り方や産業などの発展について立場を意識しながら考えるように尋ねる問いです。

　それらの手前として、「どっちがよいのか」「何を一番大切にすればよいか」などと、課題点をクリアにして（課題に焦点化して）考えるようにする問いを提示する場合もあります。

　以上、ここまで述べた問いの例に、順序性や優位性があるわけではありません。例えば、単元等のはじめに「どうすべきか」と問いかけて、子供たちの課題意識を高めてから、「では、事実を把握していこう。どのようになっているのかな」などと展開する例や、「どっちが大切（必要）なのだろう」と問いかけて対話的な学びを促しつつ、実は「～はなぜ必要なのか」を考えさせる意図をもたせた展開なども見られます。

　事実の把握が足りない場合には、単元等の途中で戻る場合もあることでしょう。要は、教師はその問いを、どんな意図で、どんな順序で提示するかを考えておくことが大切だということです。それによって、子供の思考の仕方や思考順序が大きく変わります。

　社会科以外の教科でも、このように「問いの目的と方法」を考えながら授業を構成すると、その教科等として興味深いものが見えてくると思います。

校内研修

- 研究構想の作成
- テーマ設定の例
- 教科等の枠を越えて取り組む研究
- 研究主任の役割
- 子供の反応の記録
- 授業記録（1つの例）
- 研究協議会

37 研究構想の作成

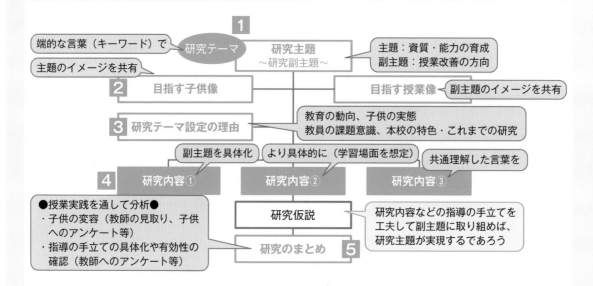

この図は、各学校で進められている「校内研究（研修）」の構想に見られる要素をまとめたものです。校内研究（研修）は、働き方改革が言われる中にあって、全ての先生方が勤務時間中にできるように配慮された貴重な研究・研修の場です。ただ、一般的には1年ごとに始めと終わりがあるので、年度ごとに捉えると、実際には6月にスタートして12月にはまとめに入る「半年研究」であるという現実もあります（もちろん複数年継続する例もあります）。

そこで、図に示した事項をどのように捉えたらよいのかを整理してみます。

1 研究主題と副主題（研究テーマ）

主題には育成を目指す資質・能力を、副主題にはそのための授業改善の方策を表現すると、「何を目指して」「何をするのか」がはっきりします。これらの文言は短く端的なもののほうがよいと思います。というのは、「あなたの学校の校内研究のテーマは何ですか？」と尋ねてみても答えられない先生は案外多いからです。

校内研究のテーマは、先生方の「合い言葉」のようにして、いつでもみんなでそれを目指していこうとはっきり意識できるようにすることが大切です。なぜなら、全ての先生方の日常の授業がよりよく変わっていくことにこそ大きな意味があるからです。

2 目指す子供像と目指す授業像

研究主題や副主題は、端的に短い言葉で表現するのであれば、「本校の捉え方」を具体的かつ明確にする必要があります。どのような子供像をイメージしているか、「問題解決」とはどのような授業をイメージしているか、どんな手立てが必要か、などについて全員で話し合って言語化することが大切です。また、話し合いを通して先生方の言葉が合わさっていけば、各教科等ごとの特質も生かされるし、なにより自分たちの研究だという意識が高まるのではないでしょうか。

3 研究テーマ設定の理由

■**教育の最新動向**…流行に流される必要はありませんが、最低限のことは押さえる必要がありま

す。たとえば「社会に開かれた教育課程」であれば、社会と共にある教育の推進を意味します。もし、社会や教育界の動向から取り残されてしまうと、かわいそうなのは子供たちです。

■ **本校の特色**…校内研究においても、その学校でこれまでに取り組んできた財産があるはずです。研究テーマが変わるたびに過去を捨て去っていてはもったいない。本校の特色を踏まえた研究というスタンスが大切です。

■ **子供の実態**…「○○という子供の実態があるから、□□という教育活動が必要になる」これが教育研究の基本姿勢でしょう。ただし、課題点ばかりあげつらうとネガティブなイメージの研究になってしまいます。ですから、現状のよさをしっかり見つめる必要があります。それは「本校の子供たちの強み」です。「課題を改善しながら強みを伸ばす」そこにはきっと子供たち自身が求めている学習活動があるはずです。

■ **教師の課題意識**…これも全員参加のための登竜門です。本校の教師の課題意識を明確にすることは、外からの刺激に動かされているのではなく、教師集団の自発的な取組であるという意識を高めます。日常的に感じている生の声を出し合いながら言葉にしていくとよいと思います。

4 研究内容

限られた期間の研究なので、言葉の抽象度をできる限り下げる努力が必要です。例えば、「言語活動の充実」であれば、「言語による表現場面の重視」、あるいは「言語による学習のまとめの指導の工夫」のほうが具体性があってよいといった感じです。いずれにしても、「何をこそすべきか」みんなでよく話し合って決めることが大切です。

左頁の図で「研究内容」を①～③と三つに分けて書いているのは、例えば、「全員が課題をつかむための指導の工夫」「話合い活動の充実のための手立て」「学習のまとめと振り返りの評価の工夫」などと、単元等におけるどのような学習場面でも取り上げる内容があるようにイメージできるようにするためです。このほうが全教科等で取り組みやすいし、それぞれの教師のキャラクターを生かすこともできます。

5 研究のまとめ

「どのような方法で」「どのような形に」研究をまとめるかについては、あらかじめ構想しておく必要があります。しかし、どんなに教育活動に工夫を加えても熱心に指導しても、子供の変容はすぐに現れるものではなく、また見えにくいものです。ですから、「～が養われた」などと大上段にまとめるのではなく、小さな変化を探すのです。

例えば、子供たちへのアンケート調査です。6月と12月に行えば、わずかでも変容の兆しを見いだすことができます。また、ノートやワークシートなどを基に、「こんなことを書くようになった」「こんなことに目を向けるようになった」などと、子供の記述内容の変容を分析するのです。教育研究の真実は、いつも子供の中にあるからです。

加えて、教師への意識調査も効果的です。どのような指導が効果的だと感じたか、どのような手立てが難しかったのか、子供たちの変化をどのように捉えているか、といった事項への意識調査です。こうした調査により、研究成果の裏付けになるだけでなく、研究の課題点、来年度取り組むべき事項が明らかになります。これも6月と12月にそれぞれ実施して、教師の意識の変容を見るのもよいと思います。

「その学校の教育研究の成果は、その学校でしか測れない」と、よい意味で自信をもつことが大切です。

38 テーマ設定の例

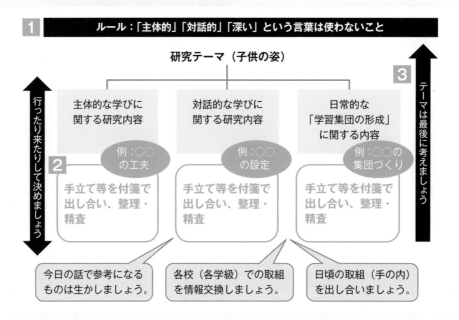

1 ルール：「主体的」「対話的」「深い」という言葉は使わないこと

研究テーマ（子供の姿）

| 主体的な学びに関する研究内容 | 対話的な学びに関する研究内容 | 日常的な「学習集団の形成」に関する内容 |

例：○○の工夫 / 例：○○の設定 / 例：○○の集団づくり

手立て等を付箋で出し合い、整理・精査

2 行ったり来たりして決めましょう
3 テーマは最後に考えましょう

今日の話で参考になるものは生かしましょう。

各校（各学級）での取組を情報交換しましょう。

日頃の取組（手の内）を出し合いましょう。

この図は、教育委員会や学校主催の研修会で私が活用している「校内研究（研修）のテーマ設定」の図です。ここでは、研修内容の例として紹介します。

1 「主体的」「対話的」「深い」という文言を使わないルール

「主体的・対話的で深い学び」は、授業改善の視点として大切な言葉ですが、各学校の校内研究でいつまでも使う言葉ではありません。目標と同じで「目指す方向」を示す言葉ですから、各教師が具体的な言葉（視点）に置き換えて授業に取り入れていくことが必要です。

そこで、「主体的」「対話的」「深い」という文言を使わずに話し合うという「ルール」を決めます。子供たちの指導に直接携わる先生方は、（あまり自覚していないだけで）「主体的・対話的で深い学び」に変わる言葉を既にたくさんもっています。もちろん研修会ですから、私も話をして、その内容で参考になるものは取り入れて話し合ってもらいますが、中心になるのは、先生方が既にもっている「手の内」なのです。

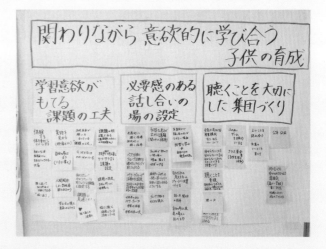

2 付箋で各自の考えや指導例を出し合う

右上の写真は、ある県で実際に行った研修会で先生方がまとめたものです。

左側は「主体的な学びのための手立て」、真ん中は「対話的な学びのための手立て」が該当します。先生方には、これまでの実践を振り返ってもらいながら、「主体的」「対話的」という言葉を使わずに、それぞれ色の異なる付箋に書いて出し合います。

これに対して、「深い学び」は教科等ごとに目標に向かう学びなので、ここでは「日常的な学習集団の形成（左頁の写真では、「聴くことを大切にした集団づくり」）」としています。

並べられた付箋を見ながら話し合って、どんな言葉が「研究内容」としてふさわしいかを決めます。左頁の図で「行ったり来たりして決めましょう」と書いているのは、いきなり抽象的な言葉が出てこないようにするためです。

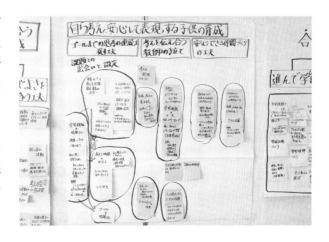

校内研究には、1年目の先生も30年目の先生も参加します。それぞれの先生が書いた付箋は、その先生自身が目指す指導改善の方途として残ります。

このとき、多数決などでよりいいものを選ぶことはしません。子供の状況や教師の力量などに応じて、自分の目指すべき視点は異なるからです。そのため、付箋には名前を書いておくとよいでしょう。書いた先生が自分なりにその事柄に取り組むことも校内研究への一つの参加方法になります。その上で「全教員で目指すこと」を言葉にしていくわけです。

校内研究（研修）は、「管理職や外部講師が目指すべきこと・改善すべきことを伝えたり教えたりする場」「推進役の先生が最新情報を入手して全体をリードする場」などと考えがちです。確かに、そういう側面はあります。しかし前提としては、全ての先生方が参加し、それぞれの力を出し合って組織の力を高めていくことが大切なはずです。つまり、1年目の先生の新鮮な視点と、30年目の先生の経験に裏付けられた知見のどちらもが必要だということです。

経験豊かなベテランの先生方は、いろいろな手立てをもっています。そうした「手の内」を明かしていただくのです。校内研究の盛んな学校は、ベテランの先生方が謙虚に積極的に参加している学校です。「謙虚に」としたのは、そうした学校には、「研究（研修）の前では、先輩も後輩もなく一人の教師である」という自覚をもった先生方が多くいるという意味です。

③ テーマは教員の総意で決める

材料を出し合って、研究内容が見えてくれば、「自分たちは何がしたいのか」と「研究テーマ」に迫れるようになります。他方、研究テーマを先に決めて、そこから「内容」→「手立て」などと、いわば上から下ろす方法もありますが、ここで提案しているのはその逆向きです。ただし、多数決で研究テーマを決めることを薦めているわけではありません。

「候補をいくつか出し合って、最終的には管理職が決める」「次回に推進役の先生が案を提示する」など、決める方法はいくつかありますが、大切なことは全教員が参加する意識を高められるようにすることです。

これまで私が行った研修会では、既にかなりの数の研究テーマがまとめられていますが、同じものはほぼありません。目指すイメージとしては「主体的・対話的で深い学び」を念頭に入れつつ、授業の具体に落とし込みながら考えていくと、自ずとその学校や地域の特色、教員などの構成メンバーの特徴、子供の実態などが反映されて、その学校らしい研究テーマになっていくのでしょう。

39 教科等の枠を越えて取り組む研究

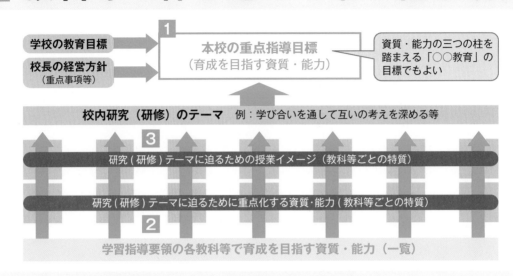

　この図は、教科等の枠を越えて、全校で校内研究（研修）を進めるイメージを表したものです。小学校では、特定の教科ばかり校内研究（研修）のテーマとして設定され、その教科の指導法だけを研究する学校が見られますが、それでは（全教科等を指導する）小学校の先生方にとっては不十分でしょう。また、教科担当制を採用している中学校では、特定の教科等に絞って研究（研修）を進めることは実際的ではありません。

　現在、全国にある大学の教育学部附属小・中学校では、各教科等に専門性をもつ先生方が力を合わせて「教科等の枠を越えた研究実践」が組織的に進められ、多くの成果が発表されています。そこで、ここでは、（全国の取組を参考に）「教科等の枠を越えて取り組む校内研究（研修）の進め方」を紹介します。

1 本校で育成を目指す資質・能力を定める

　学校における全ての教育活動は教育目標実現のために行うというのが、カリキュラム・マネジメントの基本になりますが、三つの資質・能力を軸に教育目標を描いている学校は多くはありません。実際には、「知・徳・体」などと日本の教育の伝統的な考え方を汲んだ教育目標が多いでしょう。このとき、資質・能力の三つの柱を目標とする各教科等との「ねじれ」が生じてしまうことが考えられます。

　「知・徳・体」を軸にする教育目標は、連綿と受け継がれる伝統文化のようなもので、いざ変更するとなると地域への説明などを含めて大変な作業となることでしょう。そこで、教育目標の下位に、本校の重点指導目標として「本校の子供たちに育成を目指す資質・能力」を描くことです。

　このとき、学校の教育目標とぴたり合致しなくてもよいし、校長の経営方針の重点事項を入れ込んでもよいと思います。「○○教育」を全校で推進する場合、その目標として描く方法もあります。いずれにしても、このあと数年間は学校の教育目標のように位置付けておき、それを全教員で目指しながら教育活動を進めるわけです。

　資質・能力については、毎年その三つ全てを目指すことも、どれかに重点化することも考えられますが、単年の校内研究（研修）の場合には後者のほうが取り組みやすいと思います。

2 各教科等の資質・能力から重点化するものを抽出する

　次に、学習指導要領を踏まえた上で、校内研究（研修）のテーマに迫るために重点化する資質・能力を抜き出します。ここで、各教科等ごとの担当教師に委ねてしまうと、教師個人の意向に左右されてしまいがちなので工夫が必要です。

　まずは、下記のように、学習指導要領に示されている教科や学年、分野などの目標から大事な文言を抜き出して、そこから考えてみるとよいでしょう。

> 例：研究（研修）テーマ「課題解決を通して考える力を育てる」
> ●中学校学習指導要領における各教科等の目標から文言を抜き出した例（必ずしも各教科等の目標(2)から抜き出すとは限らない。担当者がよく考えて抜き出せばよい）
> ［国語科］人との関わりの中で伝え合う力を高め、思考力や想像力を養う。
> ［社会科］社会に見られる課題の解決に向けて選択・判断したりする力、思考・判断したことを説明したり、それらを基に議論したりする力を養う。
> ［数学科］事象を論理的に考察する力、数学的な表現を用いて事象を簡潔・明瞭・的確に表現する力を養う。
> ［体育科］運動や健康についての自他の課題を発見し、合理的な解決に向けて思考し判断するとともに、他者に伝える力を養う。
> ［美術科］対象や事象を捉える造形的な視点について理解するとともに、表現方法を創意工夫し、創造的に表すことができるようにする。
> ［道徳科］物事を広い視野から多面的・多角的に考え、人間としての生き方についての考えを深める。

3 各教科等の特質を踏まえて授業イメージを描く

　最後に、重点化した資質・能力と校内研究（研修）のテーマを合わせ見て、教科等の担当者が「どのような授業をイメージしていけばよいか」を考えます。例えば、図中に例示している「学び合いを通して互いの考えを深める」といったテーマであれば、教科等ごとに「思考力、判断力、表現力」のうち、特にどの事項の育成を目指すか、自分の担当する教科等での「対話の活動」はどのようなものが考えられるか、すなわちどのような授業を目指すか、と考えるわけです。

　ここで大切になるのが、教科等の特質を踏まえることです。定型的な授業スタイルを各教科等に当てはめて考えてみるという面はあってもよいですが、それに終始すると教科等の特質を無視することになってしまいます。なぜ、日本の教育課程が各教科等で構成されているのかといえば、教科等それぞれに特質があり異なる役割を担っているからです。

　教科等の枠を越えて、全校で校内研究（研修）を進めることの意義は、教科等の特質や違いを無視した画一的な指導方法を研究することではなく、むしろ特質や違いを見極めながらそれらを生かし、それでいて同じ方向（育成を目指す資質・能力）に向けて組織的に教育活動を進めることにあるのだと思います。教育を受けるのは子供であり、それらがやがて子供の中で総合されるのです。

　研究授業など、校内で互いの授業を見合う際のポイントは、指導案の冒頭に「関連する学習指導要領の目標や内容」を明記することです。それにより、その授業を見る視点が定まります。中学校の先生方はもとより、小学校の先生方でも、全ての教科等に精通している（学習指導要領を把握している）わけではないのが現実だからです。

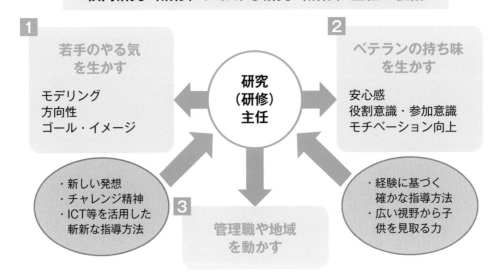

校内研究（研修）における研究（研修）主任の役割

1 若手のやる気を生かす
- モデリング
- 方向性
- ゴール・イメージ

2 ベテランの持ち味を生かす
- 安心感
- 役割意識・参加意識
- モチベーション向上

研究（研修）主任

・新しい発想
・チャレンジ精神
・ICT等を活用した斬新な指導方法

・経験に基づく確かな指導方法
・広い視野から子供を見取る力

3 管理職や地域を動かす

　この図は、研究（研修）主任の役割イメージをまとめたものです。研究（研修）主任は、自治体ごとの法令に規定された、いわゆる「必置主任」ではないことが多いのですが、多くの学校で配置され、校内研究（研修）などの推進役を担っています。

　これまでは、経験豊かなベテラン教諭や視野が広がりつつある中堅教諭が担うことが多かったようですが、最近では組織全体の平均年齢の低下などもあり、経験10年前後の教諭が担うことも多くなりました。

　したがって、多くの研究（研修）主任には、（図に表すように）「後輩」と「先輩」双方を見ながら研究（研修）を進めるという難しい舵取りが求められます。

1 若手のやる気を生かす

　一口に「若手」といっても、どの程度の範囲を言うのか見解が分かれると思うので、ここでは「経験年数10年未満」の先生とします。ただし、「若手は先輩から教わるだけの存在」という固定概念は一度払拭しましょう。

　現在の若い先生方には、「驚くべき能力や多様性がある」というのが私の率直な印象です。若手の研究授業を観て、「なぜ、これほどよく子供が動くのか」という驚き、「この資料はどうやってつくったのか」などと疑問や好奇心が湧くことがたくさんあります。

　若手の先生方の授業は、新しい発想や斬新な指導方法の宝庫です。ICTの活用であれば尚更です。英語が話せるようになるには外国で生活するのが一番速いと言うのと同じで、日常的にICTに触れて生活している若手の大きな強みです。

　ただ、指導の基礎・基本、授業の不易の重視といった点ではベテランにはかないません。そこで、これからの校内研究（研修）では、いかにして若手とベテラン双方の融合を図るかが重要です。「若手から学ぶ」姿勢をもつベテランの先生方と「ベテランから学ぶ」姿勢をもつ若手の先生方が融合されたとき、学校全体の教育力は増幅され、更新されていくのだろうと思います。

研究（研修）主任は、こうした若手の力をいかにして引き出すかが大切です。例えば、自ら率先して研究授業を公開し、学校として目指す「授業モデル」を具体的に示す、進むべき方向やゴールイメージを提示することなどが大切になります。

２ ベテランの持ち味を生かす

　ここでは、ベテランを「経験20年以上」の先生としたいと思います。年齢で言うと40歳代、50歳代です。実は、このベテラン層が校内研究（研修）の活性化の鍵だという指摘もあります。ベテランの先生が謙虚で意欲的に研究授業を行う学校は、研究全体が活性化する傾向が見られます。若手がその後ろ姿を見ながらついてくるからです。

　ベテランの先生方は、経験に裏付けられた確かな指導方法や、数限りない子供たちを見てきて身に付けた広い視野から子供を見る目線をもっています。若手には敵わない経験のなせる技です。経験ですから一人一人に持ち味があります。研究（研修）主任は、こうしたベテランの持ち味を生かすことも求められます。

　授業改善は、一律の型や指導方法を求めるもではありません。先生自身の持ち味を十分に生かしてほしいことを伝え、参加意欲や授業改善へのモチベーションを高めることが必要です。その意味からも、研究（研修）主任が率先して研究授業を公開することが重要です。「これくらいやればいいのか」という安心感が生まれるからです。

　ベテランの先生方は、若手の指導的な役割を担うことが多いからか、自ら率先して研究授業を行いたがりません。「うまくいかなかったら立場がない」「日頃の助言が否定されてしまったらどうしよう」などと考えがちだからです。

　研究（研修）主任が、公開授業を行うことの意義がここにもあります。ベテランの不安を取り除くからです。「研究授業は思うようにはいかない」という手本を見せてくれるからです。

　もちろん、ベテランの先生方の授業も「今のままでいい」わけではありません。よく「これまでそうしてきたから」という言葉を耳にしますが、これは、物事を変えたくないという心情を見せないようにする常套句です。そこで、ベテランの先生方にも変わる勇気をもってもらう必要があります。授業研究に真摯に取り組む研究主任であれば、「こうしたほうがいい」という助言も、きっとベテランにも受け止めてもらえるでしょう。

３ 管理職や地域を動かす

　「管理職を動かす」というと、おこがましい感じがしますが、私の印象では残念ながら、時に管理職の研究（研修）に対する意欲があまり高くないと感じることがあります。管理職は、学校教育全体を視野に経営に当たっていますから、ある面では致し方ないのかもしれません。また、特に中学校では、管理職自身、部活や生徒指導が優先されていた時代に教師になり授業研究に馴染んでこなかったこと、教科担当制であることから全校共通のテーマで研究を進めにくいということもあるのかもしれません。

　そこで、ここでも研究（研修）主任の役割が大きいと言えます。全校で少しずつ足並みを揃えて進めていく印象を与えることができれば、学校経営にも影響してきます。研究を通した生徒の変容が少しでも伝えられれば、管理職の気持ちを動かすこともできるでしょう。また、地域を巻き込んで、地域力を生かした研究（研修）を進める際にも同様です。地域の方々も、全校一丸となった取組や子供の成長を目の当たりにすれば、きっと心を動かされるでしょう。

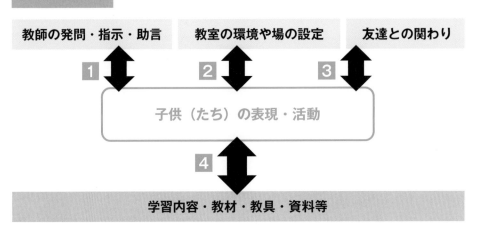

41 子供の反応の記録

授業記録

| 教師の発問・指示・助言 | 教室の環境や場の設定 | 友達との関わり |

1 ⬍　　　2 ⬍　　　3 ⬍

子供（たち）の表現・活動

4 ⬍

学習内容・教材・教具・資料等

　この図は、授業記録を取る際の対象をまとめた例です。取り方に決まりはありませんが、授業記録は授業における教師の指導について考察し、指導改善（授業改善）を図るために行うことが多いでしょう。

　授業記録には、子供（個人を中心に記録することもあるため「たち」を括弧書きにしています）の表現・活動を「反応」として記録します。ここで言う「反応」とは、何かの働きかけや影響があって、それに対しての子供の表現・活動という捉え方です。**子供の表現・活動は偶然に生まれたものではなく、何かの働きかけや影響を受けているもの**だという前提に立ちます。その働きかけの代表的なものが上の図中の「発問・指示・助言などの教師の働きかけ」「教室の環境や学びの場の設定などの条件」「学級やグループにおける他者（友達）の関わり」などです。また、「学習内容・教材・教具・資料等」など授業の前提となるものも考えられます。

1 「T」と「C」

　「指導力の向上」を目指して記録する場合、欠かせないのが教師と子供のやりとりの記録です。教師の指示や発問を「T」、子供の表現・活動などの反応を「C」として書くのが一般的です。「反応」は、発言はなくとも子供たちの動きや表情などに顕著に見られる場合もあります。

　授業は教師の意図的な指導によって進められます。したがって、子供たちの表現・活動などの反応の多くは、教師の働きかけによるものであると考えることが大切です。やりとりの記録を取るのは、「T」と「C」の因果関係を解明・検証するためです。

2 教室の環境や学びの場などへの反応

　教育の効果には、環境や学びの場などの条件からの働きかけが、大きく作用すると言われます。環境や学びの場が「働きかける」とは少々おかしな表現に聞こえるかもしれませんが、子供たちが何かを経験するときには、環境などからの刺激を受けつつ子供たちから環境に働きかけているのだという双方向のベクトルの考え方です。

　確かに、珍しいものがあるとワッと寄ってくるし、楽しそうな道具があるとすぐに触わるのが子

供でしょう。そのため授業では、子供たちが好奇心を湧かせたり主体的に活動したりできるように、環境や学びの場などの条件を設定する取組が多く見られます。生活科や理科、図画工作科・美術科、音楽科、体育科などは、その典型と言ってもよいかもしれません。

③ 友達との関わりとしての反応

　これも環境や学びの場の一つになるのかもしれませんが、子供が反応する対象として、学習集団の中にいる他者（友達）を忘れてはいけません。授業記録を取っているとはっきりと分かることがあります。それは、ある子供の発言内容はその前に発言した子供の内容を受けたものあることや、ある子供の発言内容は何人かの子供の発言内容をまとめているものであることなどです。

　「～さんに似ていて」「～さんと反対で」「つまりそれは」「だから」などと、他者に関わって発言するルールを決めている学級では、そのことがはっきり分かりますが、そうでなくても、記録することによって「子供たちは、子供たちから学んでいる」ことが記録を取るとはっきり分かります。こうした「友達との関わり」としての反応を重視し、座席表に子供たちの反応を書き込んで研究会の資料にする取組も見られます。

　多くの子供たちがわざわざ学校という場に集まって一緒に学ぶことの意義の一つは、子供同士の学び合いにあるということは間違いないでしょう。

④ 学習内容・教材・教具・資料などへの反応

　今日の授業の「内容はよかった・よくなかった」というと元も子もなくなってしまいますが、教材、教具、資料などについて言えば、十分に子供の反応の分析・考察ができるものと思います。例えば、「この教材では子供の生活経験から心理的距離が遠すぎて難しい、だからはじめから子供たちの反応がよくなかった」「この資料がよかった。子供たちにとって分かりやすく疑問を引き出すのに効果的だった」などといった分析・考察です。もちろんその根拠としての子供の反応が必要になりますが、そうした視点は授業記録においても大切なものであると思います。

　ここまで述べた授業記録の基本事項（最低限）をまとめると、右のフォーマットになります。左側にＴとＣの記録、右側に分析・考察メモを書くシンプルな様式です。これを準備するのも難しければ、指導案の横の余白にそれらを混ぜ込んで書く方法も考えられます（そうした余白有りの指導案があるとよいと思います）。

本時の目標

環境、教材、友達などとの関わりのよさと課題メモ

Ｔ
Ｃ
Ｃ
Ｃ

課題

Ｔ
Ｃ
Ｃ

Ｔ
Ｃ
Ｃ
Ｃ

Ｔ
Ｃ
Ｃ

まとめ

　いずれにしても記録を取らず、何となく授業を見て、協議会などでも感想を述べる程度では、教育のプロとして物足りないと言えるでしょう。

校内研修

授業記録（1つの例）

本時の目標「　　　　　　　　　　　　　　　　　　　」　　　年月日　学校名・授業者

時刻
T　今日は　〜　について考えてみよう。
　　これは何かな。　　　　　　　　　　　　C：発言　　　　　　　　　C：反応

| 提示される教材等 |

C：発言　　　　　　　　　　　C：発言
　　　　　　　　　　　　　　　＊子供同士の発言がつながっている場合には線で結ぶ

T　なるほど、じゃあ今日の課題は　〜　でいいかな。　　　C：いいと思います。

学習の課題　| 黒板に書かれる課題 |

T　じゃあ、まずみんなで予想してみよう。ヒントは前の時間のノートにありますね。

（グループで話し合う）　C：　　　　　　　　→　　　C：
　　　　　　　　　　　　C：　　　　　　　　→　　　C：　　＊発言内容の記録はキーワード程度でよい
　　　　　　　　　　　　　＊どこかのグループに付いて記録を取る。話が進んでいる様子を矢印で表す
時刻
T　そろそろいいですか。では、グループの結論を発表してください。

　　　C：
　　　C：
　　　C：　　　　　　　　＊ここでの発言記録はできる限り正確に取る（子供の文脈を大切にする）

T　みんなが発表してくれたことは、こんなことですね（板書で　〜と　整理しながら確認する）。
　　では、○○は　〜した場合にはどうですか。なぜ　〜　が大切なのですか。

　　　C：　　　　　　　　　　C：
　　　C：　　　　　　　　　　C：
時刻
T　よい意見がたくさんでましたね。では、今日の課題について自分のまとめをしてみましょう。
　　（各自ノートにまとめる）

T　発表してください。　　　　　C：
　　（子供の発言を価値付けながら板書）　C：

　この図は、私が研究授業を参観した際に授業の記録を取る際のフォーマットを表したものです。社会科の授業が多いのですが、他教科等でもおおむねこのフォーマットで記録しています。ただし、このフォーマットでないといけないわけではありません。また、学習展開によってはこのとおりには記録できませんから、自分なりの記録の取り方を決めておくとよいでしょう。

　校内研究でも授業記録は大切です。研究授業は全ての教員が学ぶための材料だからです。授業者は、大変な努力や苦労をしながら事前の準備を行い、当日の公開授業に臨みます。こうした授業者の努力や苦労に応えるためにも、授業を見る側はしっかり記録を取り、自分なりに分析すべきです。あえて強く言えば、記録一つ取らずに意見を述べるのはおこがましいのではないかとすら思います。それでは、事実に即して正確にものを言える状況にないからです。公開授業は、感想を言い合うために提供されるわけではないはずです。

　上の図について説明します。

　特別な形ではなく、TとCのやりとりを基本とする記録です。この例ではA4版の白紙を横使いにし、縦に教師の指導の流れ、横に子供の多様な発言が見えるように意図しています。

■1 指導案から本時の目標を写す（一番上に書くとよい）

　授業は目標の実現を目指して行われます。教師の意図はこの目標に込められてるはずです。したがって、授業を記録する際にも、常に目標を意識することが大切です。

　参観者はもとより、時折、授業者が目標を見失っているのではないかと感じることがあります。目標は授業全体の「コントロール・タワー」のようなもので、目標を間違うと子供をどこへ導けばよいのかが分からなくなったり誤ったりします。ですから、授業記録の「いの一番」は目標を指導案から写すことです。あまりに長文の場合には、キーワードにしたり、後半（育成を目指す資質・

能力の部分）だけ書いたりするのでもよいと思います。

② 子供の発言記録は軽重を付ける

特に授業の前半では、子供たちの発言が活発なことが多くあります。背景としては、たくさんの先生方が見に来る特別な授業だということを子供たちが分かっていることや、授業の導入では、先生が教材や資料などを提示して子供たちの興味を引く場面が多いことなどが考えられます。

こうした場面での子供たちの発言は、大人が考える以上に速いものです。学年が下がるほどそういう傾向が強まります。直感的・感覚的に思い付いたことを臆することなく言えるからです。そこで、その発言の全てを記録しようとはせずに、授業前半の多様な発言はキーワードだけを書くようにしてもよいと思います。子供の着眼点が分かるからです。

展開の途中でグループ活動が入る場合にも、グループの話合い活動の記録を取るのが難しくなります。そのため、どこかのグループに付くほかありません。とはいえ、他のグループでの発言も気になるところです。しかし、これも最終的な全体の場での報告を待てばよいのです。

そもそもグループ活動での発言は、全体の場に報告されない限り、授業の進行に影響を与えません。グループに付いて記録を取るときは、課題はつかめているか、資料は読めているか、参加意欲はどうかなどと、学習への参加状況や意欲など、学級全体の参観で見落としがちなことを記録するとよいと思います。

一方、授業の後半において学習のまとめに近付いた場面での発言は、なるべく正確に取るようにします。子供が自分の文脈を使って自分の言葉で表現する。これが目標の実現状況を測る材料になるからです。

授業の子供たちの発言の声が小さくて聞き取れないこともあります。そういう場合には、「聞き取れるものだけを記録し、それ以外はあきらめる」と割り切ってしまいましょう。以前は授業を全て録音し、「逐語録」にして分析する手法を取っている先生方もおられました。素晴らしい研究実践です。

ただし、現在の先生方の勤務状況などを考えると、45分、50分の授業時間内に記録を取り終え、なおかつ一定の分析を加えてしまうほうが効率的でよいでしょう。なお、どの子の発言も録音と同時に文字化するツールなどが出はじめているので、今後のICT環境にも期待されます。

③ 分析の視点をもって

例えば、左頁のフォーマットでの記録は、右の図のように「主体的・対話的で深い学び」の視点で分析することを前提としています。吹き出しに書かれている内容は、私なりの授業分析の視点です。こうした視点を、先生方がそれぞれもつことが「授業記録を生かす」ということにつながります。

1時間（コマ）でも、「深い学び」は「目標の実現」としています。

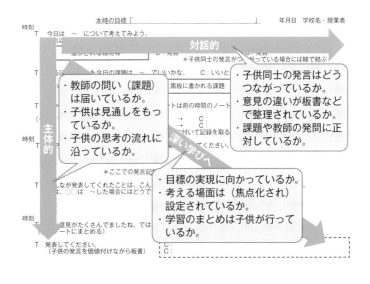

43 研究協議会

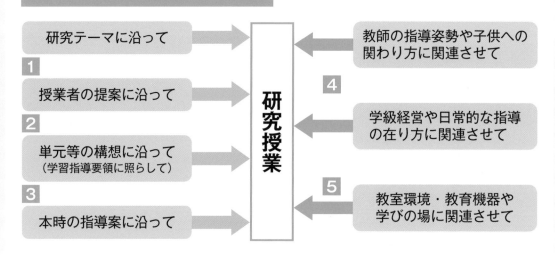

この図は、研究授業後の研究協議会で、どのようなことを協議の対象とするのかをまとめたものです。このほかにも考えられると思いますが、おおむね当てはまるのではないかと思います。研究授業後の協議会ですから、当然、中心になるのは研究授業（今日の授業）になります。協議対象の方向としては、大きく次の五つが考えられます。

1 研究内容に沿って協議する

一つは研究テーマなどに沿って協議するという方向です。校内研究などで提案されている研究主題や副主題、研究内容に沿って今日の授業の分析・考察をします。授業者や学年・部会などの研究グループで、研究内容の中から今日の授業と関連の深い事項を選び出して提案する形もあります。

研究授業は、この姿勢を基本にしないと、研究授業の目的を見失ってしまいます。その教師個人の指導技術を中心に分析・考察する「〇年次研修」の研究授業などもありますが、校内研究では、研究主題や副主題、研究内容に沿って協議することが大切なのです。

2 単元等の構想に沿って協議する

研究授業として公開される1（コマ）時間の授業は、単元等の一部を公開しているすぎません。単元等の構想を見ながら本時の授業を協議する方向は、学習指導要領に照らして授業を分析・考察することにつながります。「内容や時間のまとまり」で見る根拠となるのが学習指導要領だからです。協議対象としてこの方向をもたせないと、「木を見て森を見ず」のように視野のせまい研究になってしまいます。

単元等の構想に沿って行う協議を、研究授業の前に時間を取って行われる事例も見られます。この方法は、参観者の視野を広げる効果があると感じます。

3 本時の指導案に沿って協議する

協議事項の中心は、本時の指導案に沿って行われることが多いでしょう。参観した教員全員が目

の当たりにし、印象に残っているため、子供の姿を含めて具体的に協議しやすいからです。

　なかには、子供たちの様子を述べ合うだけで終わってしまう協議会も見られます。そうならないためには、指導案における「教師の手立て」に改めて着目して議論することが必要です。

　右の図は、「指導案には教師の意図が示されている」ことを表したイメージです。図に例示した全てを、指導案に細かく書き込むことはあまりないでしょう。ここで言いたいことは、「指導上の手立て」や「指導上の留意点」等を、学習活動や学習内容につなげて読んでみることが大切だということです。教師の意図が読めるからです。

　どんな活動を想定してどんな内容を習得させようとしているか、どんな活動をしてどんなことをまとめさ

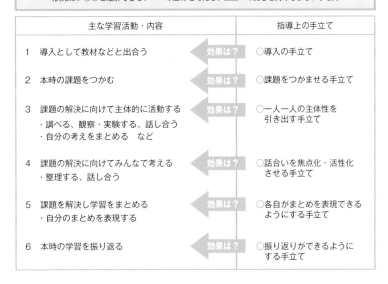

せようとしているかなど、縦に読んでも大まかな教師の意図は見えます。それに加えて、その手立ては効果的だったか、妥当だったか、ほかに何が考えられるかなど、左右に行ったり来たりしながら読むことで授業分析は深まります。端的に言えば、研究授業の指導案は、教師の手立てやその意図がよく見えるようにしましょうということです。

　なお、研究協議を、公開授業を行った教室で行う例も見られます。これは、本時の授業の印象を残したまま協議を行えるというメリットがあります。

４ 教師と子供の関係、学級経営などに関連付けて協議する

　今日の授業を成立させている「前提」について協議する方法もあります。本時の授業を見ながらも、プロの目線は日頃の指導に及びます。子供たちの発言の仕方やグループ活動の進め方などは、一朝一夕に身に付くものではないから、きっと日常的な取組やトレーニングがあったのだろうと推察します。すなわち、こうした「前提」が、授業に大きく影響することをよく知っているから議題にするわけです。

５ 教育環境、教育機器や学びの場の設定に関連させて協議する

　そのほかにも、ICT機器の活用（研究内容になっている場合もあります）、地域の人材活用、教育環境（屋外などを含む）、学びの場（学習集団の形態を含む）など、授業を支える様々な条件があり、それらと関連付けて協議する方法もあります。ただし、それらが研究テーマや研究内容と結び付かない場合には、協議の中心事項にはならないので、しっかり留意します。

学級経営

学級経営の考え方
考える集団づくり

44 学級経営の考え方

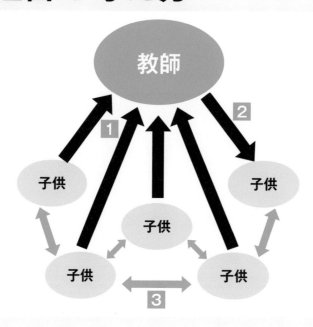

　この図は、学級経営の考え方を表したものです。学級経営を図に表すのは容易ではありませんが、1つの考え方です。

1 集団を指導する

　教師の役割は、子供たちが一定の集団をつくり、教師がその集団を指導することです。一義的には「教師が指導するための」集団づくりが必要です。個々の子供たちは、一つ一つの教育活動、学習活動の中で生かされますが、それは根幹となる「よりよい集団」があって初めて成立するものだからです。

　その際、子供たちを個々人として完全に切り分けることを前提としてしまうと、多様性ばかりが目に行き、かえって指導がままならなくなります。もしも、子供の多様性にすべて対応しようとすれば、教師のほうが子供についていかざるを得なくなってしまいます。それは、どれだけ優れた教師であっても不可能なことではないでしょうか。

　多様性に際限はありません。40人いれば40通りです。どれだけ緻密に、どれだけ細心の注意を払っても、必ず隙間が生まれます。そのため、延々と仕事を切ることができなくなってしまいます。

　発想が逆ではないでしょうか。「教師が子供についていく」のではなく、「子供が教師についていく」ようにすることが大切ではないかということです。いかに教師に目を向けて歩かせるか。その上で、支援が必要な子供たちを見極め即座に助けにいく。これが集団を指導する要諦であると思います。

　昔から行政には権力行政的な役割とサービス行政的な役割の両方があると言われます。学校教育もしかりです。権力行政的な役割は、守るべきことと重視すべきことなどをしっかりと伝えていくということで、やるべき教師の責務は何かということです。権力というと言葉は強いですが、相手があってのことであり、「関係が教育する」と言われているとおり、教師と子供のとの関係づくりを前提として行われるべきものです。

2 個のニーズに対応する

　また、教育にも相手のニーズや声を受け入れていくというサービス行政的な役割が必要です。喜んでもらう、満足してもらうというサービス行政的な発想がないと、「私は教えました」とただ権力行政的な発想や態度のみになってしまうでしょう。特に配慮を要する子供への対応、個に応じた指導には、 1 の状況をしっかりつくることで、指導しやすい状況になります。

　その上で、学級経営では、一人一人の子供の思いや考えを常に把握する姿勢が重要になります。子供たちの様子をよく観察したり、子供たちと細めにやりとりしたりすることです。休み時間に一緒に過ごすことは、そうしたことをしやすい環境をつくることにもなります。

　また、どんな形でもよいですが、指導に生かせるという点で、書かせて残すことが重要なポイントになります。例えば、学期ごとの目標カード、振り返りカード、教師との交換日記など、様々な手法が考えられます。その際、大切なことは、何を書かせるかです。例えば、「自分が今一番がんばっていること」「これから頑張りたいこと」などと、自分の状況を自己評価させたり、目標を書かせたりします。併せて「先生に望むことは何か」といった教師に向けた要望を混ぜ込んでおきます。また、「どんな学級になってほしいか」「よいクラスとはどんなクラスであると思うか」など、集団への希望を書かせて、集団づくりへの意識をもたせるようにすることも考えられます。これは学級目標などを決める際の基礎資料にもなります。

　いずれにしても、子供たちのニーズを捉えて満足感を与えることが大切です。しかし、それは子供一人一人のバラバラな願いをかなえることではありません。学校生活を通じて集団の中で自分が安心して過ごせること、自分らしい力を発揮できること、そしてよりよい集団をつくることへと、子供たちの願いを誘うように指導し、実現していくことです。

3 学び合う集団をつくる

　子供同士が互いに関わり合いながら、補足し合い、助け合いながら、集団全体が育っていく。そんな集団が、子供たち一人一人の能力を伸ばします。すなわち、学級の子供たち全員が自分の力を出し切って、みんなで力を合わせて問題を解決する。これは、授業づくりのテーマであると同時に、学級経営そのものです。

　なぜ、学校という場所があって、そこにみんな集まるのか。それは、友達と影響を与え合う、力を足し合い、掛け合うことで、一人では決して到達できない学びを実現できるからです。

　学級経営の大切な考え方の一つは、自分たちの力で互いの力を高め合う集団をつくることです。これは教師一人の力では実現できないことです。個々の力が合わさるとすごい力になる。これは、学級に限らず、優れた組織はみなそういう構造をもっています。特に、学校教育において集団で学ぶことの意味は、様々な視点や方法、考え方が合わさって、知識が深く意味付けられたり技能が洗練されたりしていくことにあります。

　こうした集団をつくるには、お互いの違いを認め合うことにとどまらずに、成長を認め合ったり喜び合ったりするという関係性が大切です。教師が子供の状況をよく把握し、成長を認め喜ぶ、その表情をしっかりと他の子供たちに伝える。こうした教師の関わり方ひとつで、認め合い喜び合う風土が形成されていきます。

考える集団づくり

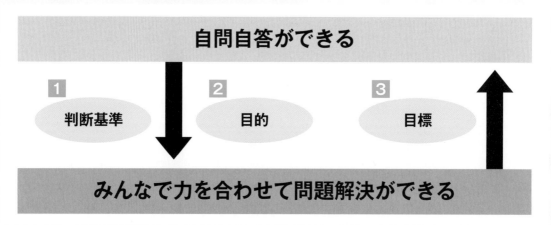

この図は、学級経営の方針の例を表したものです。あくまでも私の考えです。

私は学級を担任していたとき、学級目標を決める際はもとより、子供に言葉をかける際にもこの図のイメージを意識してきました。内容の適・不適はともかく、こうした自分の信条のようなものをもって学級経営に当たるとよいと思います。

1 子供に判断基準をもたせる

子供たちは、いつどんなときでも教師に判断を仰ぎます。中学校より小学校、小学校でも学年が下がれば下がるほどそうした傾向が強くなります。「先生、トイレに行っていいですか？」「先生、おかわりしていいですか？」「先生、校庭に遊びに行っていいですか？」などと、特に小学校低学年の子供は、何でも教師に決めてもらうように聞いてきます。

学年や校種の段階にもよりますが、子供たちは教師に答えを丸投げする傾向があります。当然、丸投げすれば、子供は教師の答えどおりに動けばよいので楽です。しかし、これではいつまで経っても、自分で考えて動く子供は育ちません。

思考力や判断力は、授業の中だけで育てるなどと狭く考える必要はありません。むしろ、子供の自立を目指す、自ら考えて行動する子供を育てたいのであれば、学校生活全体で日常的に考えて行動する子供を育てることを目指していくべきなのです。

そこで、子供と接する際には、できる限り子供自身が判断基準をもって考えられるようにすることが大切です。「トイレは生理現象なのでいつでも行ってよい」「給食をおかわりするときは、○○という順番で行う」「校庭は○○という条件の下に使用する。休み時間は時間を見ながら動く」などと、行動の基準を示します。

ただ、こうした行動基準は、教師であれば誰でも子供に伝えていることでしょう。肝心なのはここからです。C「先生〜していいですか」→T「なぜいいと思う？」「あなたはいいと思う？だめだと思う？」などと、子供に問い返し、まずは子供の判断力を確認するようにします。

学校では、集団生活上の決まりがあるから、何でも子供に決めさせるわけにはいきません。しかし、それでもまずは子供に自分の判断結果を言わせることが大切だと思います。そうした指導を重ねることによって、子供たちからの問いかけが「先生、〜だから〜していいですか？」「〜だけど、〜していいですか？」などと、判断基準を加えた問い方に変わっていくからです。

2 目的を考えさせる

　一口に判断基準といっても、状況に応じて変わったり、細分化して考えなくてはいけなかったりするので一様ではありません。例えば「〜の場合には OK」「〜したら○○できなくなる」などと、その時点の状況に依存します。ここに難しさがあります。

　「先生、私は掃除が早く終わったのでトランプしていいですか？」「先生、あの子が携帯電話をもってきているのに、なぜ私たちはいけないんですか？」など、子供たちは、ときに自分を特別扱いしてほしがったり、ときに絶対的・機械的な平等を求めたりと、臨機応変に（勝手な）要求をしてきます。

　このとき、「あの子たちの所にまだ埃が多いから手伝ってくれる？」「あの子は〜という事情があって携帯電話をもってきているから、そういう事情がない子はだめだよ」などと状況を説明することで細かな判断基準を子供たちに身に付けさせる方法もあります。

　ただ、こうした指導を繰り返していると、子供は自分では考えようとせずに教師に問いかけ続けます。そこで大切になるのが「目的を考えさせる」ことです。「掃除は何のため（誰のため）にするのか」「学校では携帯を何のために使うのか」などと、その行為等の目的を考えさせるのです。

　大事なことは、自分で考えさせることであり、その答えは子供に言わせるようにすることです。もちろん、間違っていたら教えます。実は子供たちは、うっすらと正解が分かっているのに聞いてくることが多いのです。ですから、自分で答えを見つけたり表現したりする機会をつくることが大切なのです。

3 目標を見つめさせる

　教師の仕事は、子供たちの問いかけに答えるだけではありません。個々の状況が発生してから、判断規準のある問いかけができる子供を育てたり、子供自身に答えを表現させようとしたりするのは、結局は教師が期待することを予想して問う・答える子供を育てていることにもなります。このことは、教師と子供の関係構築や、学級全体の秩序形成を図る上で大切な指導技術ではあります。

　しかし、本当に考えながら学校生活を送る・行動する子供を育てたいのであれば、「目標を見つめさせる」ことが必要です。その代表格が学級目標であり、いかにしてこの学級目標を設定するかが重要になります。私は、子供たちの気持ちを受け止めながら、教師の意図を入れ込みながら設定していました。

　「みんなはどんな学級をつくりたいか。どんな学校生活を送りたいか。友達との関係ではどうなりたいか」などと子供たちの希望を聞きだす。→教師の意向を伝える。→それらを融合した言葉を教師が提案する。→子供たちから意見が出れば少々修正する。

　学級目標の設定において大切にすべきことはプロセスであり、「みんなで決めた」という気持ちをもたせられるようにすることです。そうすることで、何か悩ましい問題が起こったときや、難しい判断が必要なときに、「私たちはどんな学級を目指しているか」に立ち返って、一人一人の子供が考え、自分なりの答えを出せるようになります。すると「どうすればみんなが参加できるか」などと、子供たちの問い自体が変わっていく可能性すらあります。行事を行うときなどにも、その行事の目標を決めることが大事です。

　自分で考えて行動する子供を育てるためには、（言葉は抽象的ではあっても）一人ひとりが自分の解釈ができる「目標」というゴール・イメージが必要なのです。

指導技術

板書

ノートとワークシートの比較

ICT機器の活用

子供の思考を促すツール

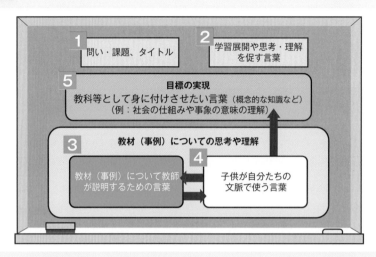

この図は、板書として書かれる「言葉」を分類したものです。必ずしも板書する教科等ばかりではないので一概には言えませんが、社会科をイメージしつつ、どの教科等にも共通する要素として整理しました。大きく次の五つに分類しています。

1 学習課題・問いなどに関する言葉

まず、学習課題（問題）や問い、テーマなどを書きます。学習課題は教科等によっては疑問形でなく「～しよう」などと活動を示唆することもあります。

この学習課題や問いを板書しないで進める授業を見ることがあります。とはいうものの、学習課題や問いが設定されていないわけではありません。「今日の授業の学習課題（または問い）は、〇〇ですよ」と声には出すのだけれど、黒板に書かないという例です。

これは、意外に盲点だと私は思っているのですが、**子供たちの発言は板書する一方で、自分が声に出したことを板書する教師は少ない**のです。私は、研究会などで複数の授業を少しずつ拝見する（「渡り」などと言います）ことが多いので気付くのですが、A（アンサー）は板書されているのに対して、何のAなのか、Q（クエスチョン）が板書されていないことが多いのです。

そもそも教師は、なぜ授業で板書するのでしょう。もし、板書の目的を「学級のみんなで考えること」に置くのだとしたら、みんなの学習プロセスが共有される必要があります。まして全員の子供が同じ速度で考えたり理解できるわけではありません。なかには、板書を見ながらじっくり考える子供もいるでしょう。ですから、子どもたちが学習の見通しをもてるようにするとともに、いつでもQに立ち戻れるように、学習課題や問いは黒板に書かれている必要があると思います。

2 教師が学習展開を促す言葉

「調べる」「まとめる」「分かったこと」「考え」などの言葉を板書に配置することで、子供たちに課題（問題）解決の展開を意識させる例があります。問題解決の形骸化が指摘されることもありますが、子供自身が課題（問題）解決を意識しながら学習することこそ主体性であり、特にこれからの学習において大切なことです。

また、「つまり」「そのために」などと、思考や理解を促す言葉が書かれる例もあります。こうした板書には、子供たちに学び方を身に付けさせようとする教師の意図が感じられます。

③ 教師が教材（事例）について説明するための言葉

子供の発言に応えて、「つまり〜だね」「なるほど〜と言えるね」などと、子供の言葉を大人の言葉に置き換えて板書することがあります。これは、子供たちが教材（事例）についてより深く考えたり理解したりすることを促すためです。

子供の発言を、子供の言葉のまま羅列するだけでは、焦点化された思考や整理された理解に届きません。そこで、教師が、子供の発言を交通整理したり、翻訳したりして、その授業のねらいに迫れるようにするわけです。これには、十分な教材研究が必要です。そうでないと、子供の言葉の適切な言い換えができません。

④ 子供が自分たちの文脈で使う言葉

上記③の思考や理解に至る前提となるのが子供たちの発言です。これがないと、③は教師が一方的に説明するのと変わらなくなります。そこで、子供たちが教材（事例）について気付いたことや疑問、分かったことなどを板書します。ただし、このときも子供の発言内容をそのまま板書するわけではありません。可能な限り、発言した子供の言葉を使うように努めるのですが、ほかの子供たちが分かるように平易な言葉に直したり、授業のねらいに迫れるよう大人の言葉に近付けたりする「仲立ち」を行うわけです。

なお、③と④の関係は、「つまり」と「例えば」の関係にあると考えればよいでしょう。

⑤ 教科等として身に付けさせたい言葉

教科等によって異なると思いますが、社会科で身に付けさせたい言葉は、「概念的な知識」で、単元等や本時の目標に書かれる言葉に近いものです。当然のことながら、この言葉は授業のはじめには出てきません。教材（事例）を学ぶことを「通して」導き出されるものだからです。

この「教科等として身に付けさせたい言葉」がないままに終わってしまう授業を見かけることがあります。例えば、「○○自動車工場では〜」という③のまとめはあるのだけど、「このように工業生産は〜」というまとめの言葉が書かれない授業です。

このような、いわゆる「抽象度」を上げる言葉は、毎時間なければならないわけではありません。しかし、単元のどこかでこの言葉を入れた理解を子供に促さないと、「○○工場の理解」すなわち「教材（事例）の理解」にとどまってしまいます。そこで、「教材（事例）の理解」を子供たちの学習成果として振り返らせながら、「概念的な知識」に教師が導くとよいでしょう。この時間は、「見方・考え方」を働かせる大事な学習場面にもなります。

社会科で典型的な板書には次の二つ（下の図）があります。左は問題解決の流れを子供に意識させながら進める意図、右は討論的な活動で視野を広げたり理解するための根拠を深めたりする意図が込められています。いずれも、教師の意図を込めるという点に共通性があります。ほかの教科等の板書を考える際にも、こうした点から工夫するとよいでしょう。

47 ノートとワークシートの比較

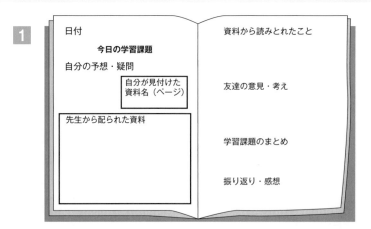

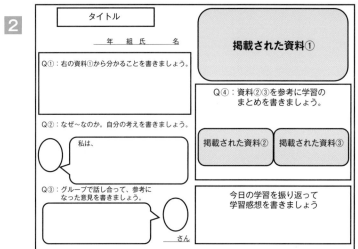

　これらの図は、子供たちが授業で使う「ノート」と「ワークシート」のそれぞれの特徴をまとめたものです。ここでは、課題（問題）解決型の社会科授業をイメージしています。「ノート」と「ワークシート」については、それぞれの特徴を把握したうえで、目的や見通しをもって活用することが大切です。

1 ノートのよさと必要な指導の意図

　ノートは、汎用性の高い学習用品です。罫線が引かれたもの、升が書かれたもの、白紙など、教科や用途に応じていろいろな使い分けができます。ノートの使い方、ノート指導の仕方に決まりはありませんが、例えば、社会科であれば、次が考えられます。

> ア　メモとしての事実の記録（見学や取材などで見たこと、聞いたこと、教師が提示した資料から読みとった事実などの記録）
> イ　資料の保存（教師から提供を受けた資料、自分で集めた資料などの貼付）
> ウ　分かったことや考えたことの記録（毎時の学習における自分の疑問や予想、分かったことや考えたことの文章表現）

エ　友達の発言や考えの記録（参考となる他者の考えを取り入れて、自分の考えを修正したり
　　追加したりしたことの記録）

　このように、ノートのよさは、どのようにも工夫して使える点にあると言えますが、実態としては「板書を写す」だけにとどまっていることも少なくないようです。

　そこでまずは、子供が課題（問題）解決の流れを意識できるように書かせること、子供自らが学習展開を意識して授業に臨む習慣を付けられるように活用することの2点を意識するとよいでしょう。

　また、自分の独り言を記号でメモさせる方法もあります。例えば、疑問には「？」、気付きには「！」、参考になった友達の意見には「友」などと書かせるという方法です。書くことが苦手な子供や発言が苦手な子供であれば、どの箇所にどんな記号を書いたのかを発表させるだけでも、彼らにとっては授業で活躍する場になります。

　他方、ノートには、学習の「連続性」を可視化できる点にも強みがあります。自分のまとめや振り返りをつなげて読み返すことで、単元等における学びの深まりや自分の成長を感じ取ることが期待できます。

2 ワークシートのよさと必要な指導の意図

　ワークシートには次の特徴やよさがあります。

> ア　課題（問い）が示されており、観点ごとの評価材料として明確になる。
> イ　あらかじめ資料等を掲載することも多く、資料提示の手間が省ける。
> ウ　1時間（コマ）の学習展開が見えるように構成されている。
> エ　「毎時の振り返り」など、単元等の学習の連続性を意識させるものもある。
> オ　教師がPCなどで作成するため、作品としての見栄えがノートよりもよい、など。

　上記の特徴から、ノートに比べて「面倒見がよい」という特性があることが分かります。また、ワークシートを活用することで、1（コマ）時間や単元等の見通しを子供にもたせることもできます。

　その一方で、ワークシートを「面倒見」よくさせすぎると、「次の活動への自分なりの予想」「迷ったり考えたりする余地」「選択・決定する場面」を子供から奪ってしまうことがあるので注意が必要です。スムーズに学習が進んでいるように見えて、あるいは子供がよく活動しているように見えて、肝心の子供の頭のなかがあまり動いてはおらず、教師の一方的な指導になってしまっていることもあるからです。

ノートとワークシートの双方のよさを生かす

　例えば、次のように考えてみてはどうでしょう。
- ワークシートの特徴（よさ）を板書で意識する（例えば、課題〈問い〉を活動ごとに明示する、吹き出しなどの枠を明示する、ノートに貼るための資料を配付する　など）。
- ノートの機能（よさ）をワークシートにも残すようにする（例えば、自分の疑問や予想などのメモを書く欄や、資料は必要に応じて貼れるようにしておく、など）。

　いずれにしても、目的や場面に応じて使い分けるとともに、双方のよさをうまく取り込みながら生かせるようにすることが大切です。

48 ICT機器の活用

　この図は、平成23年頃から、文部科学省が総務省と連携して進めてきた「学びのイノベーション事業」報告書に掲載されたものです。上記の分類は、今後のICTの目的や効果を考える上で参考になると思います。

　学びのイノベーション事業では、「ICTを推進した学びの在り方」を次のように説明しています（ICTは、「情報通信技術」のことで、一般的には、通信技術を活用したコミュニケーションのことを指す）。

> 　ICTは、時間的・空間的制約を超えること、双方向性を有すること、カスタマイズが容易であることなどがその特長です。このような特長を効果的に活用することにより
> ■子供たちが分かりやすい授業を実現
> ■一人一人の能力や特性に応じた学び（個別学習）
> ■子供たち同士が教え合い学び合う協働的な学び（協働学習）
> など、新たな学びを推進することが可能となります。

　ICT活用の効果を「分かりやすさ」「個に応じる」「学び合い」に見いだしていることが分かります。

1 分かりやすさ

　上の図の「A　一斉学習」では、「分かりやすさ」が特に重要になります。その効果を最大限に生かすには、次の2点の工夫が考えられます。

[情報の拡大、焦点化]

　資料やその一部など提示する情報を拡大したり焦点化したりすることにより、教師の意図的な操作で、子供の注目を集めることができます。教科書など子供が手元で使う教材も、デジタルや機器などを活用して拡大写しにすれば、教師と子供で一緒に目線を合わせながら進めていくことができます。これらが最大の「分かりやすさ」でしょう。

[画像や動画の活用]

　大人でも、文字情報より画像や映像のほうが直観的な理解につながります。内容のイメージを感覚的につかめるからです。子供の集中力が増すという効果が期待されます。その効果を生かすには、教師の意図的な活用が欠かせません。画像や映像は、情報が多いからです。特に映像は「流れる」ので、全体の情報量が相当多くなります。何度も視せる、途中で止めて視せる、大事な場面は

静止画で写真に残す、子供が自分で何度も視られるようにするなど、「分かりやすさ」のための手立てが必要です。

　このほかにも、タブレットなどを活用し、試行錯誤しながらじっくりと思考を深めることができるようにすることも、「分かりやすさ」の一つに挙げられるでしょう。

2 個に応じる

　図中の「B　個別学習」では、文字どおり「個に応じること」が重要です。この効果を最大限に生かすには、次の3点の工夫が考えられます。

[一人一人の習熟の程度等に応じる]

　手書き入力できるドリル・ソフトを使って、自己採点をしながら自分の進度に応じて学習を進めたり、十分に理解できていないところに再度取り組んだり、音声ガイド使って英語の発音を覚えたりするなど、知識・技能の習得に取り組む事例が多く見られます。

[マルチメディアを用いた資料、作品の制作]

　この分野は日々進化しており、やがてICTの効果の第一位になるでしょう。現時点でも様々なソフトを活用し、子供の学習のまとめや作品づくりをサポートする取組が見られます。出来映えが揃うという点で、どんな子供でも取り組みやすくなります。

[情報端末の持ち帰りによる家庭学習]

　この分野は、これからの可能性かもしれません。韓国では盛んに進められ、家庭学習に浸透しているようです。前提条件は、タブレット等が配布される（または全家庭で購入できる）ことです。今後も「一斉臨時休校」などの措置がたびたびあるのならば、「遠隔支援」などができるこの分野の整備は、喫緊の課題と言えます。

　このほかにも、関心に応じてインターネットで情報収集する、技能に応じてソフトを活用して作品にまとめるといった「個に応じる」よさもあります。また、読み上げ支援や文字拡大などの機能を使って、特別な支援を要する子供に応じた指導を充実する例も少しずつ広がっています。他方、校種や学年段階によって情報選択・吟味の難しさが異なるため、情報選択の範囲（検索してよいサイト）を決めたり、情報リテラシーや情報モラル・マナーを指導したりすることも必要です。

3 学び合い

　図中の「C　協働学習」は、いわゆる「学び合い」です。ICT活用のゴール・イメージと言ってもよいでしょう。ICTが「IT」の間に「C」が入っていることから考えても、「コミュニケーション」が主目的であることは疑う余地はありません。

[グループや学級全体での議論・話合い]

　様々なコミュニケーション・ソフトを活用して、子供の意見や考えが一斉に画面上に並べられたり、それを教師が画面上で分類・整理したりする授業が見られます。これらの授業が見られる学校では、環境・設備が整っているという現実があります。また、若い先生のほうが積極的であるという傾向もあります。遠隔授業や遠隔双方向会議などが求められる現在においては、環境・設備の整備と積極的な実践がますます求められるようになるでしょう。

[遠隔地や海外の学校等との交流授業]

　PC掲示板やテレビ会議システムなどを活用して、離れた他者と交流する学習活動も見られます。このほかにも、タブレット等を通じた協働作品づくり、交流型プレゼンテーションなどの「遠隔コミュニケーション」も、これからの教育の可能性を示唆する分野だと言えるでしょう。

49 子供の思考を促すツール

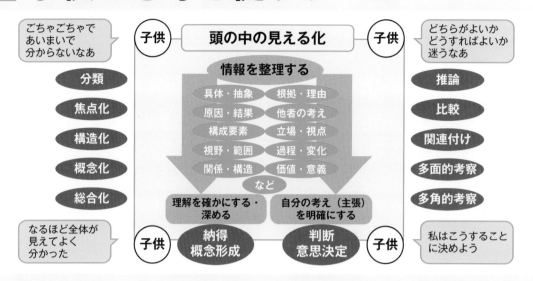

思考を促すツールには、「○○チャート」「○○図」「○○表」「○○マップ」などがあり、各学校で実践的に研究されています。「対話的な学び」が求められるようになって、ますますその数は増えているのではないでしょうか。

これはあくまでも私の印象ですが、いろいろとタイプを分けすぎてかえって分かりにくい、「はじめにツールありき」とばかりに使用目的や効果予測が不明確になる例も見られるように感じます。思考ツールを否定するつもりはなく、むしろ効果的に活用するために、私なりの切り口で整理したのが上の図です。

1 一言で言うと「情報整理」

（文章だけでもよさそうなものなのに）なぜ、あえて図にまとめるのか、それは「情報整理」にほかなりません。情報が多すぎて整理がつかない、考えがまとまらない、どう伝え（主張し）たらよいか迷う、こんなふうに自分が困ったときに活用すべきなのが図だと思うのです。

ですので、何も困っていないのに図に起こす必要はないわけですから、「困っているから使う」という姿勢が必要だと思います。そこで、まずどのような情報を整理するのかを考えてみました。

図の一義的な活用目的は、情報を整理することです。図中に情報例の一部を入れていますが、ほかにもどんな情報を書き込んでいるか考えてみてください。

2 思考が誘発される操作活動

「さぁ、調べたことや考えたことをもとに図にしてみましょう」と促された子供たちを見ていて気付くのは、教師が考える以上に「試行錯誤」しているということです。ここでは、「ベン図」で考えてみましょう。

Ａの特徴を考えて記入し、Ｂの特徴を考えて記入する。その後、ＡＢに共通する事項を抽出する。今度はフィードバックしてＡやＢの特徴を再考し、修正・追記するといった感じです。つまり、図に記入する情報を考える際に、思考が活発に働いていることが分かります。

思考方法については図中に示したように様々で、どんな図がどんな思考を誘発するかは研究成果がまたれるところですが、おそらく想定よりもはるかに多様な思考を組み合わせて働かせているの

ではないかと思います。

　ベン図の例で考えると、子供の頭の中では、比較、分類、焦点化、総合化、概念化などが小刻みに組み合わさって働いていると考えることができます。そうだとすれば、「見える化」しているのは、思考そのものではなく、操作活動によって見える情報整理のプロセスや結果であり、そこから思考の様子を推察するのだと捉えることができそうです。

　これらのことを踏まえると、思考を促す図を効果的に活用するためには、情報整理からのゴール設計が必要です。左頁の図中には、「理解を確かにする・深める→納得・概念形成」と「自分の考え（主張）を明確にする→判断・意思決定」の２つを大きなゴールとして示しています。ほかにも考えられるかもしれませんが、この２つであっても、ゴールが違えば選ぶ図やその使い方も違ってくるはずです。

　いずれにしても、大切なことは具体的なゴールを設定し、「どんな効果をねらうか」を明らかにすることです。それさえ決まれば、どんな図がよいか、おのずと候補が決まるのではないでしょうか。

③ 個人作業かグループ作業か

　個人で行う場合とグループで行う場合があると思います。前者ではワークシートやノートを活用し、後者では小さめのグループ用ホワイト・ボードなどの活用が考えられます。どちらが効果的かは、その学習活動の位置付けによって変わります。

　例えば、情報を大まかに整理し概括的な理解を促すのであれば、個人作業のほうが効果的かもしれません。個別の事実、諸感覚などに基づく情報（一次情報）の整理が必要な段階だからです。一人では描けない子供がいれば、教師が例示するなどしてサポートします。

　他方、学習が進み、子供たちから様々な意見や考えが出てきそうであれば、グループで行うほうが効果的かもしれません。この段階で整理する情報は、「他者の考え」「立場・視点」など一定の目的で集められたり解釈が加えられたりした情報（二次情報）になっている可能性が高いからです。

　グループで書き込む際にも、「個人の考えをまとめた上で」が前提条件となります。せっかく４人グループで図を作成するのに、活発な子供が一人で進めてしまうようでは学習効果を期待できません。ほかにも、グループ活動を行うことによって、かえって個人の思考を停滞させてしまうことがよくあります。

　作業的な学習は、「個人→グループ→学級全体→個人」など、全体の流れ（形態の展開）を考えておくとよいでしょう。思考を促す図を活用して授業する際も、黒板に描いた大きな図に整理するといった学級全体での活動も適宜必要になるということです。

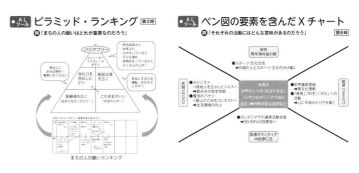

出典：澤井陽介編『子供の思考をアクティブにする社会科の授業展開』2016年３月、東洋館出版社

その他

教師のライフ・ステージ

課題対応における教師の視野

小中連携（一貫）教育

幼児教育との円滑な接続

小学校のプログラミング教育

SDGsとESD

50 教師のライフ・ステージ

	初任者〜5年目 入門期	6年目〜10年目 実践力習得期	11年目〜20年目 指導力充実期	21年目〜30年目 視野拡大期	31年目〜 社会貢献期
学習指導	・各教科等の指導内容の大まかな把握 ・学級全体への指導技術の基礎・基本の習得	・各教科等の目標を意識した指導実践 ・教材研究に没頭し授業のおもしろさ感受	・各教科等の指導に関する専門性の向上 ・子供が活躍する授業、個々に目を向けた評価 ・校内研究（研修）における表の牽引役	・全校をリードする経験に基づくモデル的な指導力 ・校内研究（研修）における陰の牽引役 ・子供に愛されるキャラクターの確立	・校内研究（研修）への職員のモチベーション向上 ・地域や関係機関、先進校の情報収集・提供 ・授業観察による授業改善への熱意の職員への伝播
生徒指導	・学級全体への指導技術の基礎・基本の習得 ・子供一人一人を見る余裕を生み出す	・個に応じた指導への意識 ・保護者との連携の大切さの自覚	・子供との信頼関係に支えられた指導 ・保護者からの理解と協力を得た指導 ・一人一人に役割をもたせよさを生かす指導の充実	・子供が納得する説得力のある指導 ・他の教員との協働や連携した指導 ・組織的な対応の核 ・モデル的な指導力	・職員を育てつつ子供を育てる生活指導の実践 ・開かれたイメージによる幅広い情報収集能力 ・他校種との接続・発展を踏まえた経営的視点
分掌その他	・社会人として自覚 ・公務員としての使命感 ・学校の組織的な動きや業務内容の大まかな把握	・組織の一翼を担う自覚 ・新しい発想による校務やカリキュラムへの提案	・各分野におけるリーダーシップの発揮 ・後輩への指導法の伝授 ・カリキュラム・マネジメントへの積極的な参画 ・組織のムードメーカー ・管理職志向の初動期	・管理職の相談相手、管理職と若手のつなぎ役 ・全校を見渡す余裕のある言動 ・地域や保護者との渉外の最前線（看板選手） ・管理職志向本格期	・明確なビジョン、分かりやすい説明、背中で見せる情熱、「この人が言うなら仕方ない」と思わせるリーダーシップ ・地域と共にある学校、地域に貢献する学校の具現 ・球拾いもできる広い心

(情熱・量で勝負)　(情熱・質で勝負)　(視野・安定感で勝負)　(ビジョン・リーダーシップで勝負)

　この図は、私がこれまでに出会った先生方の実践を思い浮かべながら描いた「教師としてのライフ・ステージ」です。幸運なことに、私の周囲には経験年数ごとに素晴らしい先生方がたくさんおられましたので、「望み」が高すぎるかもしれません。そのような意味では、私の独断で描いた勝手なイメージだとも言えますが、多くの先生方がこんなふうに教師人生を送れるといいなぁと思っています。

1 入門期（初任者〜5年目）

　「今の若い者は…」これは、いつの時代にも、どの業界でも連綿と受け継がれる言葉ですが、たいていネガティブに使われます。しかし私は、ぜひポジティブに使いたい。なぜならば、今の若い素晴らしい先生をたくさん知っているからです。

　確かに、経験が少ない分、頼りなさはあります。しかし、誰だって最初はそうなのです。人はつい自分の過去を棚に上げてしまうものですが、自分の若い頃と重ね合わせながら見渡せば、どれだけ素晴らしい人材が周囲にいるか、きっと気付けるでしょう。

　足りないように見える部分は、彼らの伸びしろです。経験を詰めば補えるばかりでなく、ベテランを超えていく可能性を秘めているのです。

　とはいえ、入門期であることは間違いないですから、図で列記したことはしっかり学んでいってほしいと思います。

2 実践力習得期（6年目〜10年目）

　教職6年目であれば少し目線を上げて、組織の一翼を担っているという自覚をもてる働き方をしてほしいと思います。ただ、この時期までは、（入門期と合わせて）「情熱で勝負」「質より量で勝負」でよいと思います。若い頃にありがちな失敗は量で補えばいいし、情熱があれば周囲も許容してくれます。子供たちも、若い先生の発する熱量（構ってくれる時間など）についていきます。

3 指導力充実期（11年目〜20年目）

　この時期になると、「量で勝負」とは言えなくなります。「質」で勝負です。10年以上の経験を

積めば、職人なら一人前です。各方面からの信頼を得ながら、組織を引っ張るムードメーカーになってほしいと思います。また、管理職への志向ももつべきです。

４ 視野拡大期（21年目～30年目）

組織のモデルとなる指導力を身に付けていてほしい時期で、ぜひ管理職を目指してほしいと思います。何も「えらくなれ」などと言いたいわけではありません。階段を上がると視野が広がるのと同じで、今まで見えなかった世界が見えてくるこの時期は、いわば教員としての第２フェーズに当たります。

「組織を維持するためにも、誰かが管理職をやらなければならない」「これまで先輩方が引き受けてくれていた」という受け止めのもとで、「教育者として、今後自分は何をすべきか」を明らかにする必要があるということです。これこそ連綿と受け継がれてきた教員の使命感とも言うべきものだと思います。

５ 社会貢献期（31年目～）

これまで自分を育ててくれた先輩方への恩は、後進育成によって返すことができます。これは、教育現場に限ったことではありません。そうやって世代交代を繰り返しながら、次世代の社会が形成され、文化が受け継がれていきます。「自分が培ってきたこと、身に付けたことを還元する」「周囲のみんなへ伝え残して職業人生を終える」こうした意識をもち、態度で表している管理職やベテランがいる組織は強く、ちょっとやそっとの波風では崩れません。ぜひ、職員から「この人が言うならしかたない、ついていくか」と思ってもらえるようなリーダーになってほしいと思います。

右の図は、平成27年の初等中等教育分科会チーム学校作業部会の参考資料として示されたもので、「学校や教職員の現状について」（文部科学省初等中等教育局初等中等教育企画課）のデータです。少し前のデータになるので、今はもっと深刻な状況が進んでいることと思いますが、このデータから次のことが浮かび上がっています。

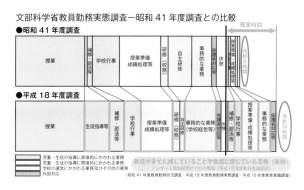

文部科学省教員勤務実態調査―昭和41年度調査との比較

- 生徒指導や事務的な業務に要する時間が増えて、それらは残業時間にも行われている。
- 自主研修や授業準備等の時間が減って、授業準備の一部は残業時間に行われている。
- 補習や部活指導、学校行事の準備、保護者対応なども残業時間に行われている。

こうした課題をどう克服するか、まさに「働き方改革」です。しかし、みな一様に業務削減ばかりに目が行くと、教育現場は間違った方向に進んでしまうでしょう。ここでも、教師のライフ・ステージを踏まえることが大切です。

例えば、情熱や量で勝負している（それによって成功している）若手に対して、闇雲に「帰れ帰れ」と促してしまえば、これまでうまくいっていたことが、うまくいかなくなるかもしれません。そこで、「ステージごとに重視すべき事柄」を明確にし、そこから外れた事柄は行わないようにする。そうすれば、（やるべきことはステージごとに異なるので）互いに補い合えるようになり、組織の活性化を促せるように思います。

う～ん、言うは易し。私も考え続けていきたいと思います。

51 課題対応における教師の視野

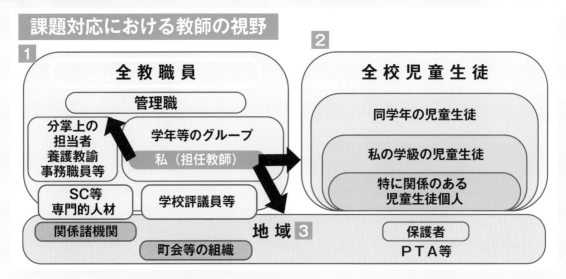

課題対応における教師の視野

1 全教職員

- 管理職
- 分掌上の担当者 養護教諭 事務職員等
- 学年等のグループ
- 私（担任教師）
- SC等専門的人材
- 学校評議員等
- 関係諸機関

2 全校児童生徒

- 同学年の児童生徒
- 私の学級の児童生徒
- 特に関係のある児童生徒個人

地域 3

- 町会等の組織
- 保護者 PTA等

　この図は、自分が担任する児童（生徒）の事件や事故、いじめ、保護者対応など、何らかの課題が発生した際に教師がもつべき視野を表しています。特に、経験年数の少ない若手の先生向けの図です。

1 教職員（組織）への視野

　数ある課題解決の道筋を一様に考えることは難しいのですが、まずは校内の教職員（組織）への視野をもつことです。そのためには、「どんな問題も、担任が一人で抱え込まない」これが鉄則です。学年等のグループに相談して解決できる課題もあるとは思いますが、事件や事故、いじめ、保護者への対応等の基本は「管理職への報告や相談」です。

　管理職が必要だと判断した場合には、分掌を再編し、養護教諭、事務職員なども加えて、教職員間で情報共有できる連絡体系がつくられ、課題把握や解決への手立てを講じることになります。すなわち、チーム学校が機能しはじめるわけです。

　こうした連携を、組織としてではなく、一教師がしゃにむに行おうとすると、初動が遅れる、届けるべき人に情報が届かない、やるべきことの判断を誤る、解決できるタイミングを逃すなど、組織全体が混乱するばかりか、危機に直面している子供たちを救えなくなります。まして、経験年数の少ない若手教師であればなおさらです。

　特に、学校と地域とを結ぶ専門的人材等との情報連携は、「学校組織」としての動きによって行われるべき事項です。個人情報の保護等も組織として取り組む事項です。

2 児童生徒への視野

　事件や事故、いじめ等の課題への対応は、教職員への視野と同時に児童生徒への視野をもちます。どちらが先かはケースによりますが、早急に安全面の確保が求められる場合には当然、児童生徒への対応が先です。

　例えば、自分が担任する学級で何か問題が発生したとします。その問題には、学級の児童生徒（個人またはグループ）が関与したことが分かっています。このとき、教師は二つの対応を考えなければなりません。

一つは、直接的に関与した子供（個人またはグループ）への対応で、もう一つは、学級全体への対応です。その際、前者については短期的な対応、後者については中・長期的な対応などと分けて考えます。

　短期的な対応は、問題に関与した児童生徒への直接的な指導です。いわゆる「生徒（生活）指導」の範疇で、指導の内容や方法は課題によって異なります。ただし、子供の安全に関わること、殊にいじめ問題であれば迅速さが求められます。「いじめられている児童生徒を1分でも早く守る・救い出すためにどうするか」を明らかにし、実行に移さなくてはなりません。

　これに対して、中・長期的な対応は、学級全体の児童生徒への指導です。道徳の授業、ホームルーム等での説話などを通して「心の教育」などを進める方法、似た課題に関する別の事例を取り上げて考えさせる方法などがあります。また、自分の学級のみならず、「学年全体での指導は必要ないか」「学校全体の児童生徒への指導は必要ないか」という視野も必要です。その判断については、決して一人で抱え込まないで、管理職や学年グループ等への報告・相談を行います。

3 地域への視野

　上記 1 2 の対応と併せて、忘れてはいけないのが保護者対応です。課題のある児童生徒の保護者に対しては密に連絡を取り、「学校での子供の様子」「子供の変容」「気がかりなこと」「次にやってみたい対応策」など、常に最新の情報を共有し続けることが不可欠です。

　以前、教育委員会に在籍していた経験から言うと、この連絡が不十分だったことで（必要な情報が共有されなかったことで）、保護者が感情的になってしまい、「学校が勝手なことをした」と、さらなるトラブルに発展した例が山ほどあります。このように、一度こじれてしまうと、児童生徒への対応よりも、保護者への対応のほうが何倍も難しくなります。

　また近年、学校だけで解決できない課題も増えています。そこで、三つめの視野として地域への視野を挙げたいと思います。例えば、地域や家庭での生活が大きく影響するような諸課題などがそれに当たります。

　また、学校で「○○週間」と称して学習や生活の指導方針をまとめたペーパーを子供にもたせたのだが、家庭に帰ると忘れてしまい「元の木阿弥」になる、あるいは「忘れ物をなくす」などといったことも、そもそも家庭での生活習慣を変えないと進まない指導であり、そうした例も数多くあります。このような課題への対応策として、PTA等が学校の指導方針を組織的に共有・応援してくれる動きもたくさん見られます。

　さらに、心理的、医療的、法的課題など、関係諸機関との連携が必要な諸課題も増えています。医療につなぐ、児童相談所につなぐ、カリンセラーにつなぐなど、学校の「つなぐ」役割はますます大きくなっているといえるでしょう。

　こうした視野は、チーム学校の領域ですが、その一方で、担任が心がけるべきこともあります。一つは、発生した課題に関わる記録を時系列で丹念に取り、共有すべき情報を蓄積することです。「全ての基礎情報は担任がもっている」という状況にしておかなければなりません。もう一つは、教師個人としても、日頃から地域との関わりをもつことです。PTA、関係諸機関等とのパイプを構築しておくことができれば、いざとなったときの連携が非常にスムーズです。

　日常的に児童生徒と関わっている教師は、目の前の児童生徒以外の人たちの存在を忘れがちです。しかし、児童生徒の向こうには保護者がいます。教室の外には学校組織があります。校庭の外には地域の人たちがいます。こうした児童生徒を取り巻く様々な人たちを見渡せるような視野を常にもち続けることが大切なのです。

52 小中連携（一貫）教育

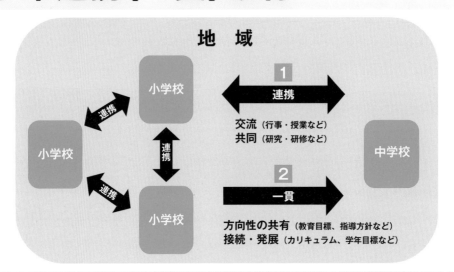

　この図は、各地域で実践されている小中連携教育や小中一貫教育における相互の結び付き方を表し. たものです。一口に「小中一貫」と言っても、小学校と中学校が一つの校舎で行っている例もあれば（外廊下などでつながっている例、校庭を挟んでいる例など）、地理的に離れている例もあり、その形態は様々です。本稿では、こうした形態の違いはさておき、小・中学校が相互につながることの意義・目的を整理します。

1 連携とはどのようなつながりか

　「連携」という言葉を辞書で調べると、「連絡を密に取り合って、一つの目的のために一緒に物事をすること」とあります。「連携プレー」という言葉はよく耳にします。社会科でも「関係機関の連携」という言葉がよく使われます。実際に「小中連携」という言葉も、交流行事や交流授業、共同研究（研修）などに使われることが多く、別々の独立した個体がある「物事」を目的として共有し、一緒に行うことなどを指しています。そういう意味では、単発の行事でも1回の公開授業でも連携という言葉は馴染みます。

　多くの地域（1つの小学校から1つの中学校に進む地域以外）では、小学校同士の連携、いわゆる「小小連携」が「小中連携」の前提となっています。そうでないと子供たちにとっての機会均等や公平性に齟齬が生じるからです。また、小中一貫でも小中連携でも「同じ地域にある学校同士」がベースになっていることが多く、「地域との連携」という共通の方針の必要性を背景として挙げることもできます。

2 一貫とはどのようなつながりか

　「一貫」という言葉を辞書で調べると、「一つの方針、方法で始めから終わりまで貫き通すこと。ひと続きであること」とあります。したがって、こちらは単発では不十分で、一定の連続性が求められていると捉えることができます。連携が「相互矢印」だとすると、一貫は「小学校から中学校へ向かう矢印」だと考えれば分かりやすいでしょう。

　では、いったい何を一貫させるのでしょう。一つには、教育目標や指導方針を挙げることができます。学校が向かうべき方向性の共有です。小中連携で述べた「共同」とは異なり、学校種の違い

を踏まえて同じ方向を向くというベクトルです。もちろん、「小学校の実態を踏まえる」ことに着目し、相互矢印で表すこともできますが、整理する上であえて分けました。

　もう一つの一貫は、教育課程（カリキュラム）です。それに付随する学年目標もあります。例としては、小・中学校を合わせた義務教育9か年の教育課程を編成している学校、総合的な学習の時間や特色ある教育として特別な内容を9年間で編成している学校などが見られます。どちらの場合にも、学校種の段階、学年の段階を踏まえて、教育課程（カリキュラム）の接続・発展を期す必要があります。

3 できることを進める

　文部科学省「小中一貫した教育課程の編成・実施に関する手引」（平成28年12月）では、右の図で整理しています。また、平成19年の学校教育法一部改正においては、第21条が新設され、「義務教育の目標」が規定されました。

　こうしたことから、小学校と中学校は、共に義務教育を担うものとして、学習指導や生徒指導の面で互いに協力し、責任を共有しつつ相互の目的を達成することが明

確化されました。また、双方の教職員が義務教育9年間の全体像を把握し、系統性・連続性に配慮した教育活動に取り組むこと、各地域の実情に応じた小中一貫教育を推進することが求められています。

　こうしたことから分かることは、連携であれ一貫であれ、できることから進めていくことが大切だということです。上記の手引きでは、どのように教育課程の接続・発展を設計すればよいか、教職員でどのような組織を構成すればよいか（教員の相乗り入れ指導を行う、小・中学校で校長を一人にするなど）などを説明しています。

　ほかにも、実際に小中連携（一貫）に携わっている複数先生方から「小学校と中学校の管理職同士の連携が重要なポイントになる」という貴重な示唆をいただいたこともあります。管理職同士が緊密に連携し合っている学校の取組はうまくいくということです。このことからも、管理職のリーダーシップや教育ビジョンの大切さが分かります。

　また、上記の手引きでは、小中一貫教育の目的を、「中1ギャップ」や社会性育成機能の強化、家庭・地域の社会性育成機能の低下、学校に期待される役割の相対的増大、学校現場の課題の多様化・複雑化などの課題につなげて述べています。小・中学校が互いを補い合い、地域の力を借りながら力を合わせることが求められているということです。

　ただ私は、もっとシンプルに考えてもいいと思っています。勉強や友達関係など、中学校に進学する際の不安感を払拭し、意欲的に学校生活を送れるようにするために、学校段階を越えて継続的に支援し合う。このような視点から小中連携（一貫）を考えるということです。「学習指導要領」においても、各教科等の目標を資質・能力の三つの柱で整理し、小・中学校の接続・発展を鮮明に打ち出しています。

53 幼児教育との円滑な接続

幼児教育 『幼稚園教育要領』（平成29年）より

幼児期の教育における見方・考え方「環境との関わり方や意味に気付き、これらを取りこもうとして、試行錯誤したり、考えたりする」を生かして

○資質・能力（三つの柱）を育成する

(1)知識及び技能の基礎
豊かな体験を通じて、感じたり、気付いたり、分かったり、できるようになったりする
(2)思考力、判断力、表現力の基礎
考えたり、試したり、工夫したり、表現したりする
(3)学びに向かう力、人間性等
心情、意欲、態度が育つ中で、よりよい生活を営もうとする

遊びを通しての総合的な指導を行う中で

領域「言葉」	領域「健康」
領域「人間関係」	
領域「表現」	領域「環境」

○「環境を通して行う教育」を基本とする
・幼児の主体的な活動を促す
・遊びを通しての指導が中心
・一人一人の発達の特性に応じる

指導観（特質）

円滑な接続のための研究（研修）の視点　→　小学校教育へ

1
○幼児期の終わりまでに育ってほしい姿（の視点）
・健康な心と体
・自立心
・協同性
・道徳性・規範意識の芽生え
・社会生活との関わり
・思考力の芽生え
・自然との関わり・生命尊重
・数量や図形、標識や文字などへの関心・感覚
・豊かな感性と表現

資質・能力

2
○主体的・対話的で深い学び
○言語活動の充実
○見通しや振り返り
○情報機器の活用

指導法

○幼児理解に基づいた評価の実施
・一人一人のよさや可能を生かし指導改善
・組織的・計画的な取組で小学校へ引き継ぎ

　ここでは、校内研究（研修）において、幼稚園教育に代表される幼児教育と小学校教育との「円滑な接続」に関するテーマを取り上げる際の視点例をまとめてみました。地域や教職員同士の連携等、幼児教育の課題などには触れず、またスタートカリキュラム等、小学校の側からの視点ではなく、あくまでも幼児の側、「幼稚園教育要領」の立場から見ていきます。

1 幼児教育が目指すものを知る

　「幼稚園教育要領解説」（平成30年）を読むと、「見方・考え方」や「資質・能力」が描かれており、小学校との円滑な接続を目指している意図がよく見えます。図に示したように、見方・考え方については「幼稚園教育の基本」として次のように説明されています。

> 　幼児が環境との関わり方や意味に気付き、これらを取り込もうとして、試行錯誤したり、考えたりするようになることが大切である。教師は、このような幼児期の教育における見方・考え方を生かし、幼児と共によりよい教育環境を創造するように努めることが重要である。
>
> ＊下線は筆者

　また、幼稚園教育において「育みたい資質・能力」として、次の三つが挙げられています。
(1)　豊かな体験を通じて、感じたり、気付いたり、分かったり、できるようになったりする「知識及び技能の基礎」
(2)　気付いたことや、できるようになったことなどを使い、考えたり、試したり、工夫したり、表現したりする「思考力、判断力、表現力等の基礎」
(3)　心情、意欲、態度が育つ中で、よりよい生活を営もうとする「学びに向かう力、人間性等」
　上記は、遊びを軸とした総合的な指導を通して一体的に育むことが求められています。すなわち、小・中・高等学校と同様の様式でまとめられているのです。

2 円滑な接続のための手がかりを探る

もちろん、「ねらいと内容」については、小学校と同じではありません。図にあるように、5つの領域で構成されています。この5つから小学校との円滑な接続を考える方法もありますが、これらは幼稚園教育の「指導観」の特質として捉えることも大切です。実は、円滑な接続について取り組みやすい事項が示されているのです。

ア 「幼児期の終わりまでに育ってほしい姿」

その一つが、「幼児期の終わりまでに育ってほしい姿」という10の視点です。資質・能力が育まれている幼児の幼稚園教育修了時の具体的な姿であり、教師が指導を行う際に考慮するものです。紙幅の関係でいくつか選んで簡潔な表現で示します（「〜することを通して」「〜であることを踏まえて」などの前提条件は割愛）。

[協同性] 共通の目的の実現に向けて、考えたり、工夫したり、協力したりする。

[道徳性・規範意識の芽生え] よいことや悪いことが分かり、行動を振り返ったり友達の気持ちに共感したりする。折り合いを付け、きまりをつくったり守ったりする。

[思考力の芽生え] 物の性質や仕組みなどを感じ取ったり、気付いたりし、考えたり、予想したり、工夫したりする。自分と異なる考えがあることに気付き、自ら判断したり、考え直したりして、自分の考えをよりよいものにする。

[自然との関わり・生命尊重] 自然の変化などを感じ取り、好奇心や探究心をもって考え言葉などで表現しながら、身近な事象への関心が高まる。自然への愛情や畏敬の念、生命の不思議さや尊さなどに気付き、命あるものを大切にする。

[数量や図形、標識や文字などへの関心・感覚] 数量や図形、標識や文字などに親しむ体験を重ね、標識や文字の役割に気付き、興味や関心、感覚をもつ。

[言葉による伝え合い] 絵本や物語などを通して豊かな言葉や表現を身に付け、経験したことや考えたことなどを言葉で伝えたり、相手の話を注意して聞いたりする。

[豊かな感性と表現] 様々な素材の特徴や表現の仕方などに気付き、感じたことや考えたことを自分で表現したり、友達同士で表現する過程を楽しんだりする。

これだけ読んでも、小学校との接続の視点がたくさんあることが分かります。

イ 指導計画の作成上の留意事項

もう一つが、「指導計画の作成上の留意事項」に書かれている事項です。次のような記述が見られます（ここも抜粋し表現を簡略化）。

- 幼児の発達に即して主体的・対話的で深い学びが実現するようにすること。
- 幼児の発達を踏まえた言語環境を整え、言語活動の充実を図ること。
- 遊びや生活の中で見通しをもったり、振り返ったりするよう工夫すること。
- 視聴覚教材やコンピュータなど情報機器を活用する際には、幼稚園生活では得難い体験を補完するなど、幼児の体験との関連を考慮すること。

また、「幼児理解に基づいた評価の実施」にも、次の事項が書かれています。

- 幼児一人一人のよさや可能性などを把握し、指導の改善に生かすようにすること。
- 組織的・計画的な取組を推進し、小学校等に適切に引き継がれるようにすること。

個人内評価や組織的な評価の取組も研究（研修）の視点になりそうです。

幼稚園等と小学校の両方の生活を知り実際に接続しているのは子供たちです。それを少しでも円滑にするよう努力するのは大人の責任かもしれません。

54 その他 小学校のプログラミング教育

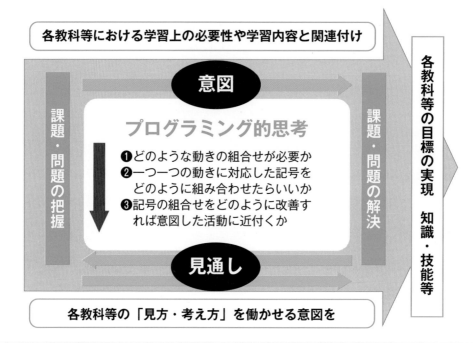

各教科等における学習上の必要性や学習内容と関連付け

意図

プログラミング的思考

❶どのような動きの組合せが必要か
❷一つ一つの動きに対応した記号を
　どのように組み合わせたらいいか
❸記号の組合せをどのように改善す
　れば意図した活動に近付くか

見通し

課題・問題の把握

課題・問題の解決

各教科等の目標の実現　知識・技能等

各教科等の「見方・考え方」を働かせる意図を

　この図は、文部科学省「小学校プログラミング教育の手引（第三版）」（令和２年２月）、「学習指導要領総則」や「解説」を参考にしながら、プログラミング教育の考え方をまとめたものです。「プログラミング教育」や「プログラミング的思考」については、次のように説明されています。

［プログラミング教育］
　児童がプログラミングを体験しながら、コンピュータに意図した処理を行わせるために必要な論理的思考力を身に付けるための学習活動

［プログラミング的思考］
■自分が意図する一連の活動を実現するために、どのような動きの組合せが必要であり、一つ一つの動きに対応した記号を、どのように組み合わせたらいいのか、記号の組合せをどのように改善していけば、より意図した活動に近づくのか、といったことを論理的に考えていく力
■コンピュータに意図した処理を行わせるために必要な論理的思考力

また「学習指導要領解説」では、次のように要点がまとめられています。
■小学校においては、プログラミング言語を覚えたり、プログラミングの技能を習得したりするといったことではない。
■プログラムの働きやよさ、情報社会がコンピュータをはじめとする情報技術によって支えられていることなどに気付き、身近な問題の解決に主体的に取り組む態度やコンピュータ等を上手に活用してよりよい社会を築いていこうとする態度などを育むことをねらいとしている。
■教科等で学ぶ知識及び技能等をより確実に身に付けさせることもねらいとするため、教科等における学習上の必要性や学習内容と関連付けながら計画的かつ無理なく確実に実施されるものであ

プログラミング的思考

問題を見いだす	

意図した一連の活動の実現（学習課題）

必要な動きを分けて考える → 動きに対応した命令（記号）にする → 組み合わせる → 問題の解決

試行錯誤しながら継続的に改善する

既習の知識・技能等の活用

発達の段階

※プログラミング的思考は、繰り返し学習することで高次に育つ

出典：「小学校プログラミング教育の手引き（第三版）」（令和２年２月）より

る（算数科、理科、総合的な学習の時間など例示された教科等以外でも実施可能）。

■ 学校の教育目標や児童の実情等に応じて工夫して取り入れること、地域や民間等の教育資源を効果的に活用していくことが大切である。

つまり、各教科等の目標を実現する教育課程の中において適宜行っていくものであり、「プログラミング教育」という教科が誕生したわけではないということです。

左頁の図は、上の図や「手引き」の説明などを基にして作成しています。その意図は、次のとおりです。

①各教科等の目標の実現に資する活動とする。ゲーム作成など活動が目的化しないようにする。

②各教科等の課題（問題）解決のために「プログラミング的思考」を発揮・活用すると捉える。その際、どのように課題（問題）を解決したらよいかという「意図」（予想に近い）や、図中の❶❷❸の「学習の見通し」をもたせることを重視すると捉えれば、教科等の年間指導計画に位置付けやすい。

③「〜に着目する」「〜を関連付ける」など、教科等の「見方・考え方」を踏まえれば、その教科等らしい学びのプロセスになる。

どの教科等においても実施できるといっても、程度や実施方法などについては各学校に任されています。文部科学省のHP（「令和元年度小学校プログラミング教育指導案集」）では、学習指導要領や各学校の教育課程との関係で、基本的な考え方を次のように例示しています。

■学習指導要領内に例示されている単元で実施するもの：算数や理科など
■学習指導要領内に示される各教科の内容指導のため実施するもの：音楽や家庭科など
■教育課程内で各教科とは別に実施するもの：プログラミングを実際に体験するなど
■特定の児童を対象に教育課程内で実施するもの：クラブ活動など

AI社会、Society5.0などと言われる未来社会を生きる子供たちには、AIやコンピュータに使われるのではなく、それらを適切に使いこなし、人間が価値や目的を創り出し続ける社会の担い手になってほしいと思います。そのような方向性である限り、プログラミング教育の重要性は疑う余地がありません、ただし、小学校においては、無理のないように教育課程に位置付けること、プログラミング教育を各教科等の上位とするような主客転倒にならないように留意が必要です。

その他

55 SDGsとESD

　SDGs（持続可能な開発目標）は、2030年に向けて世界全体が共に取り組むべき普遍的な目標として、「持続可能な開発のための2030アジェンダ」（2015年9月に国連で採択）に掲げられたものです。その目的は、「誰一人取り残さない」社会の実現を目指し、経済・社会・環境をめぐる広範な課題に統合的に取り組むことにあります。現在、国連加盟193か国は、2016年から2030年までの15年間のうちに達成することを目指しています。

　これに対して左の図は、「ESD（「持続可能な開発のための教育」）」について説明しているものです。ESDは、1992年に「環境と開発に関する国連会議」（国連地球サミット）で提唱されました。日本においても、ユネスコ国内委員会を主導機関、文部科学省等を関係省庁として位置付け、「持続可能な開発のための教育の10年」を提唱しました。

　ESDとは、地球に存在する命ある生物が、遠い未来まで営み続けていけるようにすることを課題として掲げ、一人ひとりが自分にできることを考え実践する（think globally、act locally）、課題解決につながる価値観や行動を生み出す、持続可能な社会を創造するといったことを目指す学習や活動です。つまり、ESDは持続可能な社会づくりの担い手を育む教育だと言い換えることができます。

　ESDの学習や活動で取り上げるテーマ・内容は、必ずしも新しいものではありません。むしろ、

それらを ESD という新しい視点から捉え直すことにより、個別の分野の取組に、持続可能な社会の構築という共通の目的を与え、具体的な活動の展開に明確な方向付けをするものです。また、それぞれの取組をお互いに結び付けることにより、既存の取組の一層の充実・発展を図ることを目指しています。

ここで、SDGs と ESD の関係について、文部科学省の説明を紹介します。

現状理解 **教育 / ESD と SDGs**

教育は SDGs の目標４に位置付けられており、ESD は目標４の中のターゲット 4.7 に記載されています。しかし、教育については、「教育が全ての SDGs の基礎」であり、「全ての SDGs が教育に期待」している、とも言われています。特に、ESD は持続可能な社会の担い手づくりを通じて、17 全ての目標の達成に貢献するものです。ですから、ESD をより一層推進することが、SDGs の達成に直接・間接につながっています。また、SDGs を、ESD で目指す目標が国際的に整理されたものとして捉えることもできます。

次の一歩 **SDGs を取り入れた ESD の推進**

ESD を推進すること自体が SDGs の達成に貢献することを踏まえ、SDGs が掲げる 17 の目標（課題）を、ESD の取組に取り入れ、今後の ESD の推進に役立てていただきたいと考えます。例えば、ESD の取組を SDGs の観点から見直すことを通じ、自分自身の ESD の活動に新たな意義や価値付けを行うことや、ESD の目標を明確化することが可能です。具体的なアプローチは、その学校・地域の課題や ESD の取組方により様々ですが、SDGs を見据えつつ、学校や地域で足元の課題解決を大事に、ESD を推進していただくことが重要です。

この見解から分かるように、引き続き ESD を推進することで SDGs の達成に貢献することを目指しているわけです。ただし、SDGs は、世界中の国々、企業、研究機関等の取組を包含しているので、教育に限られるものではありません。

目標9「インフラ、産業化、イノベーション」目標17「実施手段」	目標6「水・衛生」目標14「海洋資源」	目標11「持続可能な都市」	目標7「エネルギー」目標13「気候変動」	目標3「保健」
分野横断的・共通的な取組	海洋・水	都市・防災	環境・エネルギー	健康・医療

ESD の視点に立った学習指導で重視する能力・態度（例）

①批判的に考える力
②未来像を予測して計画を立てる力
③多面的・総合的に考える力
④コミュニケーションを行う力
⑤他者と協力する力
⑥つながりを尊重する態度
⑦進んで参加する態度

そこで、文部科学省は、上の図の目標を施策に位置付け、推進しようとしています。

また、国立教育政策研究所は「ESD で育みたい力」を左の図のように説明しているので、SDGs を教育の視点として取り入れる際にも、これらは位置付きそうです。

付録

国立教育政策研究所
『「指導と評価の一体化」のための学習評価に関する参考資料』より抜粋・引用

国語科

<table>
<tr><td>単元名
読んで感じたことや考えたことをまとめよう（ごんぎつね）
（第4学年）C 読むこと</td><td>内容のまとまり
第3学年及び第4学年
〔知識及び技能〕(1)言葉の特徴や使い方に関する事項
〔思考力、判断力、表現力等〕「C 読むこと」</td></tr>
</table>

1 単元の目標

(1) 様子や行動、気持ちや性格を表す語句の量を増し、語彙を豊かにすることができる。

〔知識及び技能〕(1)オ

(2) 登場人物の気持ちの変化について、場面の移り変わりと結び付けて具体的に想像することができる。

〔思考力、判断力、表現力等〕C(1)エ

(3) 文章を読んで理解したことに基づいて、感想や考えをもつことができる。

〔思考力、判断力、表現力等〕C(1)オ

(4) 言葉がもつよさに気付くとともに、幅広く読書をし、国語を大切にして、思いや考えを伝え合おうとする。

「学びに向かう力、人間性等」

2 単元で取り上げる言語活動

物語を読んで、理解したことに基づいて、感じたことや考えたことを文章にまとめる。

（関連：〔思考力、判断力、表現力等〕C(2)イ）

3 単元の評価規準

知識・技能	思考・判断・表現	主体的に学習に取り組む態度
①様子や行動、気持ちや性格を表す語句の量を増し、語彙を豊かにしている。((1)オ)	①「読むこと」において、登場人物の気持ちの変化について、場面の移り変わりと結び付けて具体的に想像している。(C(1)エ) ②「読むこと」において、文章を読んで理解したことに基づいて、感想や考えをもっている。(C(1)オ)	①進んで、登場人物の気持ちの変化について、場面の移り変わりと結び付けて具体的に想像し、学習課題に沿って、感じたことや考えたことを文章にまとめようとしている。

社会科

単元名
米づくりのさかんな地域

内容のまとまり
第５学年(2)我が国の農業や水産業における食料生産

1 単元の目標

　我が国の農業における食料生産について、生産の工程、人々の協力関係、技術の向上、輸送、価格や費用などに着目して、地図帳や各種の資料で調べ、まとめ、食料生産に関わる人々の働きを考え表現することを通して、食料生産に関わる人々は、生産性や品質を高めるよう努力したり輸送方法や販売方法を工夫したりして、良質な食料を消費地に届けるなど、食料生産を支えていることを理解できるようにするとともに、主体的に学習問題を追究・解決し、学習したことを基に、社会の一員として、これからの農業の発展について考えようとする態度を養う。

2 単元の評価規準

知識・技能	思考・判断・表現	主体的に学習に取り組む態度
①生産の工程、人々の協力関係、技術の向上、輸送、価格や費用などについて地図帳や各種の資料などで調べて、必要な情報を集め、読み取り、食料生産に関わる人々の工夫や努力を理解している。	①生産の工程、人々の協力関係、技術の向上、輸送、価格や費用などに着目して、問いを見いだし、食料生産に関わる人々の工夫や努力について考え表現している。	①我が国の農業における食料生産について、予想や学習計画を立て、学習を振り返ったり見直したりして、学習問題を追究し、解決しようとしている。
②調べたことを図や文などにまとめ、食料生産に関わる人々は、生産性や品質を高めるよう努力したり輸送方法や販売方法を工夫したりして、良質な食料を消費地に届けるなど、食料生産を支えていることを理解している。	②食料生産と国民生活を関連付けて、食料生産が国民生活に果たす役割や食料生産に関わる人々の働きを考えたり、学習したことを基に消費者や生産者の立場などから多角的に考えて、これからの農業の発展について自分の考えをまとめたりして、適切に表現している。	②学習したことを基に消費者や生産者の立場などから、これからの農業の発展について考えようとしている。

算数科

<table>
<tr><td>単元名
余りのあるわり算</td><td>内容のまとまり
第3学年「A　数と計算」(4)「除法」</td></tr>
</table>

1　単元の目標

(1)　割り切れない場合の除法の意味や余りについて理解し、それが用いられる場合について知り、その計算が確実にできる。

(2)　割り切れない場合の除法の計算の意味や計算の仕方を考えたり、割り切れない場合の除法を日常生活に生かしたりすることができる。

(3)　割り切れない場合の除法に進んで関わり、数学的に表現・処理したことを振り返り、数理的な処理のよさに気付き生活や学習に活用しようとしている。

2　単元の評価規準

知識・技能	思考・判断・表現	主体的に学習に取り組む態度
①包含除や等分除など、除法の意味について理解し、それが用いられる場合について知っている。 ②除数と商が共に1位数である除法の計算が確実にできる。 ③割り切れない場合に余りを出すことや、余りは除数より小さいことを知っている。	①除法が用いられる場面の数量の関係を考え、具体物や図などを用いて表現している。 ②余りのある除法の余りについて、日常生活の場面に応じて考えている。	①除法が用いられる場面の数量の関係を考え、具体物や図などを用いて表現しようとしている。 ②除法が用いられる場面を身の回りから見付け、除法を用いようとしている。(「わり算探し」など)

理科

単元名
太陽と地面の様子

内容のまとまり
第3学年 B(2)「太陽と地面の様子」

1 単元の目標

　日なたと日陰の様子に着目して、それらを比較しながら、太陽の位置と地面の様子を調べる活動を通して、それらについての理解を図り、観察、実験などに関する技能を身に付けるとともに、主に差異点や共通点を基に、問題を見いだす力や主体的に問題解決しようとする態度を育成する。

（「2」は省略）

3 単元の評価規準

知識・技能	思考・判断・表現	主体的に学習に取り組む態度
①日陰は太陽の光を遮るとき、日陰の位置は太陽の位置の変化によって変わることを理解している。 ②地面は太陽によって暖められ、日なたと日陰では地面の暖かさや湿り気に違いがあることを理解している。 ③太陽と地面の様子との関係について、器具や機器などを正しく扱いながら調べ、それらの過程や得られた結果を分かりやすく収録している。	①太陽と地面の様子との関係について、差異点や共通点を基に、問題を見いだし、表現するなどして問題解決している。 ②太陽と地面の様子との関係について、観察、実験などを行い、得られた結果を基に考察し、表現するなどして問題解決している。	①太陽と地面の様子との関係についての事物・現象に進んで関わり、他者と関わりながら問題解決しようとしている。 ②太陽と地面の様子との関係について学んだことを学習や生活に生かそうとしている。

生活科

単元名	**内容のまとまり**
「思い出すごろく」をつくってあそぼう	第1学年 内容(9)「自分の成長」

1 単元の目標

書きためてきた「思い出カード」をもとに「思い出すごろく」をつくって遊ぶ活動を通して、過去と現在の自分を比較し、自分自身が成長していることや様々な人が自分の成長を支えてくれていることに気付くとともに、これからの期待をもって意欲的に生活できるようにする。

2 単元の評価規準

		知識・技能	思考・判断・表現	主体的に学習に取り組む態度
単元の評価規準		書きためてきた「思い出カード」をもとに「思い出すごろく」をつくって遊ぶ活動を通して、自分自身が成長していることや様々な人が自分の成長を支えてくれていることに気付いている。	書きためてきた「思い出カード」をもとに「思い出すごろく」をつくって遊ぶ活動を通して、過去と現在の自分を比較している。	書きためてきた「思い出カード」をもとに「思い出すごろく」をつくって遊ぶ活動を通して、これからの期待をもって意欲的に生活しようとしている。
小単元における評価規準	1	①1年間の学校生活において、自分でできるようになったこと、役割が増えたことなどに気付いている。		①つくりたい「思い出すごろく」に合わせて、書きためた「思い出カード」から必要な出来事を選ぼうとしている。
	2	②友達と一緒に成長してきた自分自身や自分の成長を喜んでくれる友達の存在に気付いている。	①過去の自分と現在の自分を比べながら、自分らしさや成長し続ける自分を捉えている。	
	3	③優しい気持ち、友達や家族への思いやりなど、内面的な成長に気付いている。	②進級後の自分のことを思い描きながら、これからの生活について表現している。	②これまでの生活や成長を支えてくれた人々に感謝の気持ちをもち、意欲的に生活しようとしている。

音楽科

題材名

曲のとくちょうをとらえて表現しよう
（第4学年）「A 表現・歌唱」「A 表現・器楽」

内容のまとまり

〔第3学年及び第4学年〕「A 表現」(1)歌唱　及び
〔共通事項〕
(1)／(2)器楽　及び〔共通事項〕(1)

1　題材の目標

(1)　「とんび」、「エーデルワイス」の曲想と音楽の構造との関わりなどについて気付くとともに、思いや意図に合った音楽表現をするために必要な技能を身に付ける。

(2)　「とんび」、「エーデルワイス」の旋律、フレーズ、反復、変化などを聴き取り、それらの働きが生み出すよさや面白さ、美しさを感じ取りながら、聴き取ったことと感じ取ったこととの関わりについて考え、曲の特徴を捉えた表現を工夫し、どのように歌ったり演奏したりするかについて思いや意図をもつ。

(3)　曲の特徴を捉えて表現する学習に興味をもち、音楽活動を楽しみながら主体的・協働的に歌唱や器楽の学習活動に取り組み、日本のうたやリコーダーに親しむ。

※「題材の目標」は、次のように1文で示すことも考えられる。

　「とんび」、「エーデルワイス」の曲想と音楽の構造との関わりなどについて気付くとともに、思いや意図に合った音楽表現をするために必要な技能を身に付けながら、曲の特徴を捉えた表現を工夫し、思いや意図をもって歌ったり演奏したりし、日本のうたやリコーダーに親しむ。

（「2」は省略）

3　題材の評価規準

知識・技能	思考・判断・表現	主体的に学習に取り組む態度
①技　思いや意図に合った音楽表現をするために必要な、呼吸に気を付けて、自然で無理のない歌い方で歌う技能を身に付けて歌っている。（歌唱） ②知　曲想と音楽の構造などとの関わりについて気付いている。（歌唱、器楽） ③知技　リコーダーの音色や響きと演奏の仕方との関わりについて気付くとともに、思いや意図に合った表現をするために必要な、音色や響きに気を付けてリコーダーを演奏する技能を身に付けて演奏している。（器楽）	思①　旋律、フレーズ、反復、変化を聴き取り、それらの働きが生み出すよさや面白さ、美しさを感じ取りながら、聴き取ったことと感じ取ったこととの関わりについて考え、曲の特徴を捉えた表現を工夫し、どのように歌うかについて思いや意図をもっている。（歌唱） 思②　旋律、フレーズ、反復、変化を聴き取り、それらの働きが生み出すよさや面白さ、美しさを感じ取りながら、聴き取ったことと感じ取ったこととの関わりについて考え、曲の特徴を捉えた表現を工夫し、どのように演奏するかについて思いや意図をもっている。（器楽）	態①　曲の特徴を捉えて表現する学習に興味をもち、音楽活動を楽しみながら主体的・協働的に歌唱や器楽の学習活動に取り組もうとしている。（歌唱、器楽）

＊各観点において記録に残す場面の順に番号を付しているが、「知識・技能」の評価規準においては、「知識・技能」の観点を通して番号を付し、その後に知、技、知技の区分を表記している。

図画工作科

題材名	内容のまとまり
のこぎりザクザク生まれる形（第3学年）	第3学年及び第4学年 「絵や立体、工作」、「鑑賞」

1　題材の目標

(1)・自分の感覚や行為を通して、形や色などの組合せによる感じが分かる。
　　・木やのこぎりを適切に扱うとともに、前学年までの木や接着剤などについての経験を生かし、手や体全体を十分に働かせ、表したいことに合わせて表し方を工夫して表す。

(2)・木を切ったり組み合わせたりして感じたことや想像したことから、表したいことを見付け、形や色などを生かしながら、どのように表すかについて考える。
　　・自分たちの作品の造形的なよさや面白さ、表したいこと、いろいろな表し方などについて、感じ取ったり考えたりし、自分の見方や感じ方を広げる。
　　・形や色などの組合せによる感じを基に、自分のイメージをもつ。

(3)・進んで木を切ったり組み合わせたりして立体に表したり鑑賞したりする活動に取り組み、つくりだす喜びを味わうとともに、形や色などに関わり楽しく豊かな生活を創造しようとする。

2　題材の評価規準

知識・技能	思考・判断・表現	主体的に学習に取り組む態度
・自分の感覚や行為を通して、形や色などの組合せによる感じが分かっている。 ・木やのこぎりを適切に扱うとともに、前学年までの木や接着剤などについての経験を生かし、手や体全体を十分に働かせ、表したいことに合わせて表し方を工夫して表している。	・形や色などの組合せによる感じを基に、自分のイメージをもちながら、木を切ったり組み合わせたりして感じたことや想像したことから、表したいことを見付け、形や色などを生かしながら、どのように表すかについて考えている。 ・形や色などの組合せによる感じを基に、自分のイメージをもちながら、自分たちの作品の造形的なよさや面白さ、表したいこと、いろいろな表し方などについて、感じ取ったり考えたりし、自分の見方や感じ方を広げている。	つくりだす喜びを味わい進んで木を切ったり組み合わせたりして立体に表したり鑑賞したりする学習活動に取り組もうとしている。

家庭科

題材名　　　　　　　　　　　　　　　　　**内容のまとまり**

冬のあったかエコライフを工夫し　　　第５学年「B 衣食住の生活」　　(4)衣服の着用と手入れ
よう　　　　　　　　　　　　　　　　　　　　　　　　　　　　　　(6)快適な住まい方

　　　　　　　　　　　　　　　　　「C 消費生活・環境」　(2)環境に配慮した生活

1　題材の目標

(1)　衣服や住まいの主な働きが分かり、冬における日常着の快適な着方、季節の変化に合わせた生
　　活の大切さや冬の住まい方、環境に配慮した物（暖房機器など）の使い方について理解する。
(2)　冬における日常着の快適な着方や住まい方及び環境に配慮した物（暖房機器など）の使い方に
　　ついて問題を見いだして課題を設定し、様々な解決方法を考え、実践を評価・改善し、考えたこ
　　とを表現するなどして課題を解決する力を身に付ける。
(3)　家族の一員として、生活をよりよくしようと、冬における日常着の快適な着方や住まい方及び
　　環境に配慮した物（暖房機器など）の使い方について、課題の解決に向けて主体的に取り組んだ
　　り、振り返って改善したりして、生活を工夫し、実践しようとする。

2　題材の評価規準

知識・技能	思考・判断・表現	主体的に学習に取り組む態度
・衣服の主な働きが分かり、冬における日常着の快適な着方について理解している。 ・住まいの主な働きが分かり、季節の変化に合わせた生活の大切さや冬の住まい方について理解している。 ・環境に配慮した物（暖房機器など）の使い方について理解している。	冬における日常着の快適な着方や住まい方及び環境に配慮した物（暖房機器など）の使い方について問題を見いだして課題を設定し、様々な解決方法を考え、実践を評価・改善し、考えたことを表現するなどして課題を解決する力を身に付けている。	家族の一員として、生活をよりよくしようと、冬における日常着の快適な着方や住まい方及び環境に配慮した物（暖房機器など）の使い方について、課題の解決に向けて主体的に取り組んだり、振り返って改善したりして、生活を工夫し、実践しようとしている。

体育科（運動領域）

単元名
表現（激しい感じの題材で）
（第5学年）

内容のまとまり
第5学年及び第6学年
F　表現運動

（「1」は省略）

2　単元の目標

(1)　表現の行い方を理解するとともに、表したい感じを表現することができるようにする。

(2)　自己やグループの課題の解決に向けて、表したい内容や発表の仕方を工夫するとともに、自己や仲間の考えたことを他者に伝えることができるようにする。

(3)　表現に積極的に取り組み、互いのよさを認め合い助け合って踊ったり、場の安全に気を配ったりすることができるようにする。

3　単元の評価規準

知識・技能	思考・判断・表現	主体的に学習に取り組む態度
①表現の行い方について、言ったり書いたりしている。 ②激しい感じや急変する感じをメリハリ（緩急・強弱）のあるひと流れの動きにして即興的に踊ることができる。 ③表したい感じやイメージを強調するように、変化と起伏のある「はじめ－なか－おわり」の構成を工夫して、仲間と感じを込めて通して踊ることができる。	①表したい感じやイメージが表れているか、踊りの特徴を捉えて踊れているかなど、グループの仲間や他のグループの踊りを見て、自己やグループの課題を見付けている。 ②「表したい感じやイメージを強調する」という課題に応じて、差のある動きや群の動きなどで変化を付ける方法を選んでいる。 ③表したい感じやイメージにふさわしい動きになっているかをペアのグループやクラス全体で見合い、よくなったところを伝えている。	①表したい感じやイメージを表現したりする運動に積極的に取り組もうとしている。 ②互いの動きや考えのよさを認め合おうとしている。 ③グループで取り組む際に、仲間と助け合おうとしている。

外国語科

単元名	関係する領域別目標
We Can! 1 Unit 5 「She can run fast. He can sing well.」 (第5学年)	「聞くこと」 イ ゆっくりはっきりと話されれば、日常生活に関する身近で簡単な事柄について、具体的な情報を聞き取ることができるようにする。 「読むこと」 イ 音声で十分に慣れ親しんだ簡単な語句や基本的な表現の意味が分かるようにする。 「話すこと［発表］」 イ 自分のことについて、伝えようとする内容を整理した上で、簡単な語句や基本的な表現を用いて話すことができるようにする。 「書くこと」 ア 大文字、小文字を活字体で書くことができるようにする。

1 単元の目標

相手に自分や第三者のことをよく知ってもらうために、できることやできないことなどについて、聞いたり自分の考えや気持ちを含めて話したりすることができる。また、文字には音があることに気付くとともに、アルファベットの大文字・小文字を活字体で書くことができる。

※なお、本単元における「聞くこと」及び「読むこと」、「書くこと」については目標に向けて指導は行うが、本単元内で記録に残す評価は行わない。

2 単元の評価規準

	知識・技能	思考・判断・表現	主体的に学習に取り組む態度
話すこと［発表］	＜知識＞ I/He/She can 〜. Can you 〜？など、自分や相手、第三者ができることやできないことを表す表現やその尋ね方、答え方について理解している。 ＜技能＞ I/He/She can 〜. Can you 〜？など、自分や相手、第三者ができることやできないことを表す表現などを用いて、自分の考えや気持ちなどを含めて話す技能を身に付けている。	相手に自分や第三者のことをよく知ってもらうために、自分や第三者ができることやできないことなどについて、自分の考えや気持ちなどを含めて話している。	相手に自分や第三者のことをよく知ってもらうために、自分や第三者ができることやできないことなどについて、自分の考えや気持ちなどを含めて話そうとしている。

総合的な学習の時間

単元名

地域の絆を再生しよう（第6学年）

内容のまとまり

「福祉」（全50時間）

　本単元は、全体計画に定めた探究課題「身の回りの高齢者とそのくらしを支援する仕組みや人々」を踏まえて構想した単元である。地域住民の高齢化と核家族化により、「今日一日誰とも話をしなかった」「気が付いたらテレビに話しかけていた」といったさみしさを抱えながら孤独に暮らす高齢者が増加しているという背景があった。本単元は、児童がこうした状況を問題だと捉え、高齢

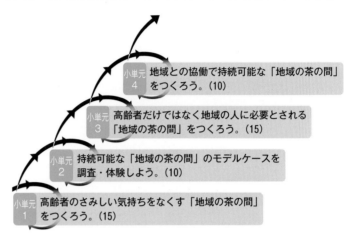

者の孤独の解消に向けて、地域の誰もが集い交流できる「地域の茶の間」を創設することを学習課題として設定し、その解決に向けて取り組んだものである。

1　単元の目標

　高齢者の孤独の解消に向けた「地域の茶の間」をつくる活動を通して、高齢者のくらしを支える人々の取組や思いに気付き、「地域の人々が集い交流できる場」の在り方について考えるとともに、世代を越えて交流していくことの大切さを感じながら生活していくことができるようにする。

2　単元の評価規準

観点	知識・技能	思考・判断・表現	主体的に学習に取り組む態度
評価規準	①「地域の茶の間」は、地域の人と思いを共有し協働してつくることで、持続可能なものとなることを理解している。 ②日常的に気持ちのよい挨拶をしたり、分かりやすい話し方をしたりして、高齢者に適切に関わっている。 ③高齢者への接し方など自分の行動の変容は、高齢者とその暮らしについて探究的に学んだことによる成果であると気付いている。	①地域の高齢者とその暮らしについて、理想との隔たりから課題を設定し、解決に向けて自分にできることを具体的に考えている。 ②持続可能な「地域の茶の間」をつくるために必要な情報を取捨選択したり、複数の情報を比較したり関係付けたりしながら解決に向けて考えている。 ③伝える相手や目的に応じて、自分の考えをまとめ、適切な方法で表現している。	①「地域の茶の間」の体験を通して得た知識や自分と違う友達の考えを生かしながら、協働して課題解決に取り組もうとしている。 ②課題解決の状況を振り返り、あきらめずに高齢者の孤独の解消に向けて取り組もうとしている。

特別活動

題材
第5学年「6年生に向けて」

内容のまとまり
学級活動「(3)一人一人のキャリア形成と自己実現」

1　学級活動(3)で育成を目指す資質・能力

○働くことや学ぶことの意義を理解するとともに、自己のよさを生かしながら将来への見通しをもち、自己実現を図るために必要なことを理解し、行動の在り方を身に付けるようにする。

○自己の生活や学習の課題について考え、自己への理解を深め、よりよく生きるための課題を見いだし、解決のために話し合って意思決定し、自己のよさを生かしたり、他者と協力したりして、主体的に活動することができるようにする。

○現在及び将来にわたってよりよく生きるために、自分に合った目標を立て、自己のよさを生かし、他者と協働して目標の達成を目指しながら主体的に行動しようとする態度を養う。

2　第5学年及び第6学年の評価規準

よりよい生活を 築くための知識・技能	集団や社会の形成者としての 思考・判断・表現	主体的に生活や人間関係を よりよくしようとする態度
希望や目標をもつこと、働くことや学ぶことの意義を理解し、自己のよさを生かしながら将来への見通しをもち、自己実現を図るために必要な知識や行動の仕方を身に付けている。	希望や目標をもつこと、働くことや学ぶことについて、よりよく生きるための課題を認識し、解決方法などについて話し合い、自分に合った解決方法を意思決定して実践している。	現在及び将来にわたってよりよく生きるために、見通しをもったり振り返ったりしながら、自己のよさを生かし、他者と協働して、自己実現に向けて自主的に行動しようとしている。

おわりに

　本書の原稿の多くは、2020年の3月から5月に執筆しています。

　そうです。新型コロナ・ウィルス（COVID-19）の流行時の自粛要請期間に書いていました。それは、人がたくさん集まって研修会を行うことが難しい状況でありながら、小学校では新学習指導要領が全面実施されるという複雑な状況の期間でもありました。

　当然、研究（研修）会、講演等を開催することはできない時期でした。ですから、本書の図は講演で私が使うことを予定していたものも掲載しています（もちろん本書のためにも新たにたくさん描きました）。

　図を描いていて分かったのは、一つの事項にはいろいろな要素や側面があり、整理しないとなかなか全体像が描けないこと、図に描いてみるとあらためて、何が本質的なポイントであるかが分かり、自分自身が重視していること、これから重視すべきことは何かを自覚できることです。

　それでも、読者のみなさんが、本書の図を修正したり、加工して活用いただくことは大歓迎です。それぞれの学校で、テーマを決めて、本書の図を使って意見交換など研修に生かしていただけると幸いです。

　みなさんが、同じテーマをどう捉えるのかをとても知りたいと思っています。中央教育審議会答申や学習指導要領は十分に踏まえたつもりですが、私の図は「正解」ではなく、一つの捉え方です。教育は法令等だけで語れるような狭いものでもありません。ぜひ、みなさんはみなさんの図を作ってみてください。そうすれば、きっと自分は「何をすべきか」が見えてくると思います。

　本書が出版される頃には、学校の教育現場が少しでも正常に近い教育活動を取り戻していることを心から願っています。教育の営みは連綿と続くものであり、このような試練は時間はかかれども必ず乗り越えられるものと信じています。その一方で、当面の間、先生方におかれては、「授業の遅れを取り戻そう」と無理をされてしまうのではないかと危惧もしています。教育は教師が急いでも子供に身に付かず、焦っては方向を見誤ることすらあります。いつの時代にも教育は、子供に過度な負担をかけずに、実態を踏まえて、教師と子供の関係でじっくり進めることが肝要です。

　学習指導要領（平成29年）改訂は各教科等で育成を目指す資質・能力を明確にすべく行われました。改訂の過程では「コンピテンシー・ベイスド」といった言葉が飛び交い、大きな変化が予想されました。しかし、蓋を開けてみると従来の「内容」が（示し方は変わりましたが）残り、期待外れと感じた先生方もいらっしゃったのではないでしょうか。

　しかし、今こそ学習評価と組み合わせて資質・能力について考えてほしいと思います。下記は国立教育政策研究所の『「指導と評価の一体化」のための学習評価に関する参考資料（中学校社会科)』に掲載された図です。

大項目	A 世界と日本の地域構成	B 世界の様々な地域		C 日本の様々な地域			
中項目（=内容のまとまり）	(1) 地域構成	(1) 世界各地の人々の生活と環境	(2) 世界の諸地域	(1) 地域調査の手法	(2) 日本の地域的特色と地域区分	(3) 日本の諸地域	(4) 地域の在り方
小項目等	−	−	①②③④⑤⑥	−	−	①②③ ④中国・四国地方 …	−

図 地理的分野における項目構成とケース1〜3の位置付け

『「指導と評価の一体化」のための学習評価に関する参考資料（中学校社会科)』（2020年、国立教育政策研究所）より

　この図は、学習指導要領の内容に示された事項をどのように組み合わせて単元をつくれば、資質・能力の育成が効果的に図れるかをまとめています。すなわち育成すべき資質・能力の評価からのベクトルで「単元づくり」を考えることを例示しているのです。

　みなさんにこの発想はあったでしょうか。教科書に書かれているから、時間数が決まっているからと、「内容や時間はじめにありき」になっていないでしょうか。今こそ、単元を通して資質・能力の育成を目指す「単元づくり」を考えるべき時ではないでしょうか。それが本当に「資質・能力ベースで内容のまとまりを捉えること」ではないでしょうか。改訂された学習指導要領が目指したものは、本当はこのことであったのだと私は確信しています。

　資質・能力ベースで単元をどう構成するか、時間数や内容に追われる気持ちになる今だからこそ、しっかり考えるべき事項だと思います。先生方を心から応援しています。

　最後に本書の刊行にお力添えをくださった東洋館出版社、とりわけ担当の高木聡氏にこの場をお借りしてお礼申し上げます。　　　　　　　　令和2年7月吉日　澤井 陽介

澤井 陽介 （さわい・ようすけ）

国士舘大学教授

《経歴》昭和35年・東京生まれ。社会人のスタートは民間企業。その後、昭和59年から東京都で小学校教諭、平成12年から都立多摩教育研究所、八王子市教育委員会で指導主事、町田市教育委員会で統括指導主事、教育政策担当副参事、文部科学省教科調査官、文部科学省視学官を経て、平成30年4月より現職。

《主な編著》単著『教師の学び方』東洋館出版社、平成31年3月／『授業の見方』東洋館出版社、平成29年7月／『学級経営は「問い」が9割』東洋館出版社、平成28年3月／『澤井陽介の社会科の授業デザイン』東洋館出版社、平成27年3月／編著『子供の思考をアクティブにする社会科の授業展開』東洋館出版社、平成28年3月、ほか多数。

［図解］
授業づくりの設計図

2020（令和2）年 7 月10日　初版第1刷発行
2020（令和2）年12月15日　初版第3刷発行

著者　澤井陽介
発行者　錦織圭之介
発行所　株式会社　東洋館出版社
　〒113-0021　東京都文京区本駒込5-16-7
　営業部　電話 03-3823-9206／FAX 03-3823-9208
　編集部　電話 03-3823-9207／FAX 03-3823-9209
　振替　00180-7-96823
　URL　http://www.toyokan.co.jp
装幀　中濱健治
印刷・製本　藤原印刷株式会社

ISBN978-4-491-04257-2　Printed in Japan